時短と成果が両立する

仕事の「見える化」「記録術」

Recording

Visualization

谷口和信

明日香出版社

はじめに　～「見える化」とは～

あなたは「見える化」という言葉を聞いたことがありますか？

「ああ、製造現場での問題解決手法でしょ？」とおっしゃる方もいらっしゃるかもしれませんね。

この「見える化」という表現はトヨタ自動車による業務改善活動の観点において２００６年に初めて登場したそうです。また、「見える化」の生みの親であるトヨタでも「問題を見えるようにする」ことと定義していますから、その通りです。

しかし、「見える化」により業務改善ができるのは、モノづくりの現場だけではありません。考える仕事、知的生産が必要な仕事にも適用できるのです。

では、知的生産の現場における見える化の目的は何でしょう？

何のために見える化するのでしょうか？

見える化できていないと、どんな問題が起こるのでしょうか?

まず、「見える化」できていないと、仕事のヌケ・モレ・忘れといったミスが発生しやすくなりますし、仕事を効率的に進めることができません。

あなたが任された仕事1つをとってみても、その仕事を完結させるには、多くのポイントを押さえておく必要があるのではないでしょうか。

・その仕事はどのようなゴールを期待されているのか
・そのゴールに到達するために欠かさずやるべきことは何かなど

やるべきことを書き出して「見える化」せずに仕事を進めると、何か1つか2つはやるべきことを見逃しかねません。

もし、上司が期待している仕事の品質に達していなければ、当然イチからやり直しになります。仕事をするうえで、いちばんの時間のムダはこのやり直しです。

そして、このやり直しはやっかいなものです。時間がムダになるだけでなく、精神的なダメージも大きくなりますので、できる限り避けたいものです。

「見える化」しておけば、やり忘れなどのミスがなくなり、仕事の効率もよくなります。ミスがなくなれば、それだけでまわりからの信頼感が高まり、あなた自身の強みにもなるでしょう。

また、人は、よくわからないものを目の前にすると、恐れや不安の感情が現れます。もしかすると、「よくわからないものから危害を加えられる！」という意識が働くため、注意するように遺伝子レベルで組み込まれているのかもしれません。

ホラー映画やお化け屋敷でも、モンスターが出てきそうな場面がいちばん怖いですよね。仕事に関しても同じことが言えます。よくわからない仕事に取りかかろうとしても、始めるのが怖くて、つい先延ばししてしまいます。

そして、ますますやる気がなくなり、本来ならもっと早くやらなければならなかった仕事に遅れが生じて、最終的に後悔することになってしまうのです。

そのような、よくわからない仕事も「何がわからないのか」「どのようなゴールなのか」を書き出して整理してみれば、次の一手ややるべきことがつかめるものです。

「見える化」は何だかわからないものをわかる形に変える手法ともいえます。

つまり、これからお伝えする「見える化」する技術を身につけることができれば、
・やるべきことが明確になり、始めるのが怖くなくなり、先延ばしすることがなくなる
・時間に余裕をもって取りかかれるので、落ち着いて仕事を処理できる
・仕事のヌケやモレ、忘れ、期限遅れなどのミスがなくなる
などといったことが実現するのです。

さて、こうして私が「仕事の見える化」というテーマで、この本を書いたのには理由があります。

実は私は、10年ほど前まで、仕事のすべてを頭の中だけで考えていて、まったく見える化していませんでした。

いつも締め切りに追われ、やることが明確になっていないにもかかわらず、見切り発車で始めていました。その結果、何度もやり直しながら進めるため、時間をかけているにもかかわらず、低品質なものしか作ることができていなかったような気がします。

「今やってます。もうすぐ終わります」

そば屋の出前のように、その場を取り繕うだけの返事を何度もしたことがあります。締め切りギリギリになって、慌ててスタートしているから、深夜まで、ときには徹夜して作り上げることも当たり前になっていました。

さらに、「仕事はやらされるもの」「つまらない作業ばかり」とも感じていました。

私は軽度ではありますが、うつ状態になってしまったのです。

そこで、私は何か変えないとまずいということで、さまざまなことを書き出す、つまり見える化することにしたのです。

その結果、今では残業をすることもほとんどもなくなりました。

前倒しで自分から主体的に取り組めるようになり、人から催促されることも、やらされてる感もなくなりました。

その結果、ピーク時は月に１２０時間を超えることもあった残業時間も、今では20時間程度ですから、労働時間は30％以上減っています。

もちろん、成果物の品質は下げていません。それどころか、数値化は難しいですが20〜

30％くらいは確実に高くなっていると自負しています。時短と成果が両立できたのです。過去の私のように、仕事にストレスを抱える多くの人の力になれる本を書きたいというのが理由です。

この本では、以下の順序で仕事を見える化することで効率よく処理して、本当に自分がやりたいことに時間を使えるようになるための手順を紹介しています。

第1章では仕事を見える化するときの共通点を紹介します。手帳・ノート・メモなど、どこに書くときにも共通する点も多いからです。

第2章ではタスクとＴＯＤＯを見える化する方法について書きます。タスクやＴＯＤＯは見える化すれば取りかかりやすくなるからです。

第3章では予定を見える化する方法を紹介します。行き当たりばったりで行動していては、いつになったら終わるのかもわかりません。終わりの見当がつかなければ、いつになったら次の仕事に取りかかれるのかもわかりません。非常に大事な項目なので、十分なスペースを割いて具体的な方法を紹介します。

第4章は行動の見える化です。人の記憶はあいまいなだけでなく、自分の都合のいいように覚えています。しっかりと事実を把握するためにも見える化することが大切です。

第5章では日々のひらめきや思いついたことを見える化する方法をお伝えします。せっかくいいアイデアがひらめいても、忘れてしまっては活用することができませんからね。

本書の最後、第6章では夢や目標を見える化する方法を紹介します。夢や目標は日々のやらなければならないことに取りかかるときの「やる気スイッチ」にもなりますので、きちんと整理しておきましょう。

本書は仕事を進める手順に沿って書いていますので、自分の仕事の進め方を思い出しながら読み進めてみてください。そして、明日と言わず今日からできることは今すぐ取り入れて仕事の進め方を改善してほしいと願っています。

そのためにも、現在あなたが抱えている問題を念頭に置きながら読んでみてください。きっと解決策の糸口が見つかるはずです。

谷口 和信

時短と成果が両立する　仕事の「見える化」「記録術」　もくじ

第1章 「見える化」の共通点

第2章 タスクとTODOを見える化する

第3章

予定を見える化する

第4章 行動を見える化する

第5章 思いつきを見える化する

第6章 夢や目標を見える化する

カバーデザイン：三森 健太（ＪＵＮＧＬＥ）
本文イラスト：パント大吉

第1章

「見える化」の共通点

01

人は忘れる生き物

本書において「見える化」とは書き出すことですが、なぜ書き出しておく必要があるのでしょうか？

それは人は**必ず忘れる生き物**だからです。

「これくらいなら覚えていられるはずだから、書かなくても大丈夫だ」と思ったけれども、あとになったら思い出せなかった。あなたもそんな経験をしたことがあると思います。

もちろん、私もこのようなことは数えきれないほど、経験しています。

ですから、基本的には**思いついたことはすべて書く、予定や人から頼まれたこともその場でメモする**、と決めています。

思い出せないことはストレス

では、思い出せないとどんなことが起こり、何か困ることがあるのでしょうか？

思い出せないことはストレスになりますし、後悔するかもしれません。同じことを何度も繰り返していると、自己嫌悪に陥るかもしれませんし、他人との約束を忘れてしまったら、お詫びの電話やメールなどムダな作業が発生します。そうなると、相手からの信用も信頼も下がります。

このようなことも「書き出しておく」だけで回避することができます。ですから、「これくらい、書かなくても大丈夫。覚えていられる」と自分を過信するのではなく、**「必ず忘れるから書く」**ことを基本にしてください。特に他人との予定や人から依頼されたことは必ずメモすることを習慣にしましょう。

すぐ書く

忘れることを防止するためにできる対策は何でしょうか？

それは、その場で**すぐ書く**ことしかありません。

つい、「覚えていられるはずだ」と自分を過信してしまいますが、**すべてを覚えていられるはずがない**ことを早く認めましょう。しっかりと書き留めて「見える化」することを習慣にしてください。

全部書く

「何を書いて、どんなことだったら書かなくてもいいのか？」

そんなことを考えるのもムダです。

同じアイデアは2度と浮かんでこないとも言われます。約束も忘れてしまったら、なかなか思い出すことができません。

ですから、書こうか書くまいかと迷わない。もし**迷ってしまったら書く**という気持ちで、どんなことでも全部書き留めるようにしてください。

ウィルパワーを浪費しない

「全部書く」と決めておくことの効果はそれだけではありません。悩んだり迷ったり考えたり……。どんな小さなことでも決める・決断するときには**意志の力（ウィルパワー）**を使います。

あなたもご存知の通り、アップルの共同創業者であるスティーブ・ジョブズは生前、毎日同じ格好、黒のタートルネックにジーンズ、足下はスニーカーというスタイルを貫いていました。

アメリカのオバマ元大統領も、毎日同じスーツを着ていることで知られています。

「私は常にグレーか青色のスーツを着用している。こうすることで私が下さなければならない決断の数が減るんだ。何を食べるか、何を着るか決める余裕はないし、ほかに決断しなくてはならないことが山のようにあるからね」

オバマ元大統領はこう答えています。

スティーブ・ジョブズやオバマ元大統領は徹底的に決断の数を減らすことで、本当に重要で大切なことや自分の目標に、より一層集中することができたと言えます。

あなたにも、重要な場面で決断しなければならないことも数多くあるでしょう。

意志の力、つまりウィルパワーは朝起きたときには満タンだけれど、迷ったり、考えたり、小さな決断を繰り返すたびに少しずつ減っていきます。

ですから、この大事な力を大きな決断をするときのために温存しておく必要があります。

そのためにも迷う、悩む、考えることは減らさなければなりません。

迷う、悩む、考えることを減らせば減らすほど、**本当に集中しなければならないことに**

集中できるようになります。

書き出すことに限らず、**迷ったらやる**と決めてしまいましょう。そして、本当に大切なことにエネルギーを使いましょう。

1か所に書く

せっかく書いても探し出して読み返すことができなければ書いていないのと同じです。書いた場所は必ず覚えておく必要がありますので、1か所に書くことをお勧めします。

以前、私も手帳とグーグルカレンダーの2か所で予定を管理している時期がありました。けれども、転記することを忘れてしまい、どちらか一方だけにしか書いておらず、アポを忘れてしまったことが何度かありました。

そうならないように、予定やタスクは1か所で管理するようにしましょう。

すぐ見えるところに置いておく

タスクや持ち物リストなど、必ず確認しなければならないことを書き留めたメモは、見ようと思えばすぐに見られるところに置いておくことが大事です。

しかし、見る必要がないときに、勝手に目に入ってきたら、その瞬間に集中力が途切れてしまうのでNGです。

意識していないときには視界に入らないけれど、見ようと思えばすぐに見られるところに置いておきましょう。

「行動の通り道」に置いておく

絶対に忘れてはいけないことを書いたメモは行動の通り道に置いておきます。

たとえば、持ち物リストを作ったのなら、必ず見る机の上や玄関扉に貼る。タスクリストだったら、手帳やグーグルカレンダーと同時に見える場所に書いておく。持っていくものを翌日履いていく予定の靴の中に入れているという人もいました。

未来の自分に向けて優しく丁寧に書く

自分で書いたメモをあとで読み返したとき、文字が汚すぎて読めなかったり、読めたとしても「これ、なんだっけ、どういう意味だろう?」と思い出せなかったら、書いた意味がありません。書いたことがムダになるだけでなく、思い出せないことがストレスにもなってしまいます。

そのようなことがないよう、あとで読み返したときに内容がわかるように、**未来の自分に優しく丁寧に書く**ことを心がけましょう。

忘れるために書く

覚えておくという行為は、忘れないよう、頭の中で**思い出す作業を繰り返している**ことと同じで、脳に負担をかけます。そんなことをしていては、目の前のことに集中できるはずがありません。

ですから、もっと積極的に、忘れるために書き留めましょう。

今ここに集中するためにできることは、それ以外のことは書いて忘れることです。そうすることで脳は身軽になり、高いパフォーマンスを発揮できるようになるのです。

見える化のルール

□ すぐ書く

□ 全部書く

□ ウィルパワーを浪費しない

□ 1か所に書く

□ すぐ見えるところに置いておく

□ 「行動の通り道」に置いておく

□ 未来の自分に向けて優しく丁寧に書く

□ 忘れるために書く

02

デジタルとアナログのいいとこどりをする

記録するツールといえば、紙の手帳やノートなどのアナログツールと、パソコンやスマートフォンなどのデジタルツールがあります。どちらが優れている、ということはなく、どちらにもいいところとよくないところがあります。

ではまず、デジタルとアナログ、それぞれのメリットとデメリットを見てみましょう。

デジタルのメリット

まずは、デジタルツールのメリットです。

・定期的に繰り返すタスクやスケジュールを何度も入力する手間が省ける

デジタルの一番のメリットは、何といってもこれでしょう。繰り返しの予定やタスクとして1度入力すれば、設定した頻度で自動的に生成してくれます。ですから私も、定例の会議や打ち合わせはグーグルカレンダーに繰り返しの予定として入れています。

また、毎日・毎週繰り返すタスクもToodledoというタスク管理アプリに繰り返しタスクとして入力し管理しています。毎日繰り返すタスクとして設定しておけば、その日に完了のチェックを入れるとすぐに自動的に翌日のタスクとして作成されて便利だからです。

これが手書きだと、予定もタスクも毎回書かなければなりませんので、同じことを何度もしたくない面倒くさがり屋の私にはぴったりです。

・リマインド（通知）してくれる

自動的に繰り返してくれるのと同じくらい便利なのが、この**通知機能**です。

私は予定を入力するときには必ず、会議や打ち合わせ、外出する時間の10分前にアラームが鳴るようにセットしています。

しかし、にもかかわらず、集中して作業をしていると、パソコンやスマホの通知が鳴っても気づかないこともありました。そんなことが何度かあったので、今はアップルウォッチにも通知が届くように設定しています。

そうすれば、どんなに集中して作業していても手首に振動が伝わるので、気づかないことはまずありません。

また、電車での移動中に本を読んだり原稿をチェックしていたとき、やはり集中しすぎて、目的の駅に着いたにもかかわらず降り損ねたことも何度かありました。そうならないように、今は目的の駅に着く1分前にも、タイマーをセットしています。

・検索性に優れる

過去にさかのぼって予定やタスクを確認することは少ないかもしれませんが、デジタルツールを使っていれば、簡単に検索することができます。

たとえば、前回のAプロジェクトの打ち合わせがいつだったのかを確認したい場合には「Aプロジェクト」と入力すれば出てきますし、Bさんと会ったのがいつだったのかを確認したければ、「Bさん」と入力すればいいのです。

・他人と共有できる

私の職場もそうですが、チームメンバーとスケジュールを共有するためにOutlookなどのデジタルのスケジュール管理ツールを使っている会社もあるでしょう。秘書でもない限り、他人の予定まで管理しようとする人は少ないと思いますが、次回の打ち合わせ予定を入れるときなど、本人が不在でも予定がわかったほうが便利な場合もあります。

本人が席を外している間にほかの人が電話を受けたときも同様です。その人の予定表がわかれば、どこに行っているのか、社内で打ち合わせ中なのか、外出しているのか、外出しているとするなら会社に戻ってくるのか、こないのか、戻ってくるなら何時ごろになるのかなどを電話をかけてきた相手に伝えることができます。

アナログのメリット

つづいて、アナログツールのメリットです。

・柔軟性がある

アナログで書くことの一番のメリット、それは、**柔軟性**です。

たしかに、パソコンやスマホのアプリは便利です。

しかし、エクセルは表計算、ワードは文章入力という、決まり切った特徴の中でしか機能しません。スマホのアプリになると、特定の機能に優れてはいますが、逆にいうとそれは柔軟性がないということでもあります。

つまり、デジタル機器で入力するということは、その決められた枠組みの中で操作しなければならないということです。これは、頭の中にあることを書き出す、つまり「見える化」するときには欠点になってしまいます。

文字の色を変えたい、マーカーで目立たせたい、図を描きたい、AとBを線でつなぎたい、自由にレイアウトしたい……。

このような欲求が湧き出てきたとき、デジタルとアナログのどちらのほうが速く描けるかは明らかですよね。

・一覧性が高い

スマートフォンの画面と比べると、手帳やノートのほうが多くの情報を一度に見ることができます。予定を立てたり振り返りをしたり、メモを読み返したりするときには、なるべく広い範囲を見たいものです。

ですから、一覧できるスペースが広く情報量も多いアナログの手帳やノートのほうがスマートフォンなどのデジタルツールよりも有利です。

・起動時間ゼロ

手帳やノートは開けば起動時間ゼロですぐに使うことができます。

また、バッテリーや電波の心配をする必要もありません。

たしかに、アナログのノートや手帳は、検索性能や繰り返しの予定やタスクの入力ではデジタルに劣りますが、工夫次第で十分克服可能です。

たとえば、アナログでも付せんを飛び出させておくことで気づきやすくしたり、繰り返しの予定やタスクも付せんに書いて、終わるたびに次回の予定のところに貼り直すなどの対応をすることもできます。

それ以外にも、スマートフォンでスケジュール管理をしていると、電話をしながら予定を確認したり追加したりするのは難しいですが、手帳であれば、難なく見ることができるのもいいところです。

デジタルとアナログのいいとこどりをする

前作で手帳術の本を書いた私がこのようなことを書いてもいいのかどうか迷いましたが、現在の私は、他人とのアポや日々のタスクもメインはデジタルで管理しています。

しかし、デジタルツールを使っているからといって、アナログの手帳を使わなくなったわけではありません。

詳しくは第3章で紹介しますが、その日の重要なタスクや行動予定はアナログで手書きしています。

ここまで紹介してきたように、デジタル・アナログそれぞれにメリットもデメリットもあります。

デジタルもアナログもツールですから、どちらがいいか、といった二者択一ではなく、やりたいことに合わせて使い分ければいいのです。自分が使いやすく、都合がいいやり方をうまく組み合わせて使いましょう。

デジタルとアナログのいいとこどり

デジタルのメリット

- 何度も入力する手間が省ける
- リマインド（通知）してくれる
- 検索性に優れる
- 他人と共有できる

アナログのメリット

- 柔軟性がある
- 一覧性が高い
- 起動時間ゼロ

ほしい機能を上手に組み合わせて使おう！

03

手書きのすすめ

ここまでは、どちらかというとデジタルが有利と思われるようなことを書いてきましたが、そうではありません。

覚える必要がない単純なことや、何度も繰り返すことを見える化するときにはデジタルをお勧めしますが、それ以外は手書きを推奨します。

手で文字を書くというのは、キーボードで文字を打ち込む行為に比べると、かなり複雑な動きですから、より脳を刺激します。脳の複数の領域を同時に活性化するので、同じ文字でも深いレベルで脳に刻み込まれます。

その結果、パソコンやスマホなどのデジタル機器に入力するよりも**長く確実に記憶することができる**そうです。

ある研究室では、授業中はノートに手書きするように指示された学生のほうが、パソコンで入力した学生よりもテストの平均点が高かった。また、手書きした学生のほうが試験が終わったあとも長いあいだ、その情報を覚えていたということも報告されています。

つまり、手で書けば覚えようとしなくても、**勝手に覚えてしまう**ということです。そのことがわかっているから、自分では読めないこともたびたび起こるほど悪筆の私もなるべく手で書くようにしています。

このような理由から、大切なことは手書きすることを強くお勧めします。

04
「終わり」を思い描くことから始める

タスクやスケジュールを書き出す際に私が注意していることは、「終わりを思い描くことから始める」ということです。

「終わりを思い描く」とは、**完成形やゴールをイメージするということです。**

私は建設会社で設計の仕事をしていますが、あなたもご存知の通り、建物はいきなり作り始めるわけではありません。必ず設計図があります。

設計図は、設計者が「こんなものを作りたい」「こんな色や形にしたい」と完成形をイメージしたものを「図面」という形に表したものです。

あなたもマンションの広告に間取り図や完成予想図が載っているのを見たことがあるのではないでしょうか?

また、「○○建設工事」のようなプロジェクトが始まって最初に決めるのが竣工日、つまり建物が完成する日です。

建設工事では、建物が完成してお客様に引き渡しをする日から逆算して、「○月○日までにXXまで作る」と、途中にいくつものチェックポイントを設定し、その通りに進行できているかどうかを確認しながら進めています。

これは建設工事に限ったことではありません。

仕事には必ず期限がありますが、できるときにやろうと始めてしまったら、いつ終わるかわかりません。締め切りから逆算し、途中途中にチェックポイントを設定して、それを守るように行動するのです。

そうすれば、締め切りギリギリになって慌ててスタートしたために品質が低いものしか作り上げることができなかった、ということがなくなります。

どんなものを作り上げたいのか？

先に完成形をイメージしてそこから逆算してスタートする。それを習慣にしてください。

第2章

タスクとTODOを見える化する

01

タスクを「見える化」するだけで落ち着く

仕事でやることがたくさんあり、いろいろな要素が頭の中でグルグル回ってオーバーフロー気味になってしまうのが、よく言う「テンパってしまう」状態です。

私もそうでしたが、若手・ベテランを問わず、すぐにテンパってしまう人は、〝やること〟を頭の中だけで考えているように見えます。これでは集中して仕事に取り組めるはずがありません。

「じゃあ、どうすればいいのか?」

テンパって動けなくなってしまったときには、やるべきこと・考えなくてはいけないことを全部手帳やノートに書き出して**「見える化」すればいい**のです。

「書き出す時間がもったいない。思いついたことから先にさっさと取りかかったほうがいいんじゃないか?」

そういう意見もあるかもしれませんが、急がば回れです。テンパったまま何もしないで時間を過ごすより、一見時間がかかってしまうけれども、頭の中を整理するほうが結果としては早く終わるものです。

また、書き出してみると、こんなふうに感じるかもしれません。

「たったこれだけ? 思っていたよりも少ないなぁ」

どうしてこう感じるのかというと、やることや仕事内容を目に見える形にすることで、全体を俯瞰でき、客観的に仕事量をとらえることができるようになるからです。

「見える化」には、「早くやらなきゃ」という焦りを抑える効果もあるのです。

具体的な手法はのちほど詳しくお伝えしますが、まずは手帳やノート・付せんに**思いつくことをすべて書き出してみること**です。やらなければならないと思っていることをすべて「見える化」すれば、テンパっている状態から解放されます。

テンパった状態では何もできません。そこから1歩でも前に進むために「見える化」は有効な手段ですので、ぜひ試してみてください。

02

ヌケ・モレをなくす

タスクを書き出して見える化することで、心に余裕ができます。

ヌケ・モレ・忘れをなくせるのが、何より大きいのです。ヌケ・モレ・忘れがあると、それを思い出したときに、順調に進んでいる今の仕事を脇に置く必要が出てくるかもしれません。そうなれば、焦りも出てくるでしょう。

当然、集中力も途切れてしまいます。

そんな割り込み仕事が一番の時間のロスといっても過言ではありません。

そのため、今やるべき以外のことを考えなくていいように、別のところに書き出して、必要になるときまでは忘れてしまいましょう。

では、実際にどう書き出していくのか、次項から紹介していきます。

ヌケ・モレ・忘れを防ぐ

おい、Bの件、まだか！
あっ、忘れてた…
なんとか間に合いそう
AもBも間に合わない

今日、やるべきことは…
タスクリスト
あとはキッチリ進めるだけ！
全部、終わった！

03

見える化は思考と仕事のレベルとスピードを上げる

やることが見えていないとなかなか行動に移せないと書きました。これを逆に考えると、見える化できていれば、目の前のことに集中して取り組めるということです。

何をすればいいのかがわかっているから、目の前のことに集中できます。集中できれば仕事のスピードは上がります。

また、いつまでにどこまでやればいいのか、求められる期限と品質がわかれば、最短距離でゴールを目指すことができます。

適切なレベルまで仕上げたら終わりにすることで、過剰だった時間を削減でき、時間や気持ちにも余裕ができます。焦ることもなく落ち着いて仕事に取り組めるので、短時間でミスのないレベルの高い仕事をすることができるようになるのです。

タスクとＴＯＤＯの見える化６つのステップ

では、ここからはタスクとＴＯＤＯを見える化する具体的な方法を６つのステップに分けて紹介します。

初めてこの作業をするときには、かなりの時間を必要としますので、時間に余裕があるときに取り組んでください。あるいは、一気にできなくても、あとで追加で作業することもできますので、数日に分けてやってもいいでしょう。

ステップ１：すべて書き出す
ステップ２：次のアクションは複数あるか？
ステップ３：細切れにする
ステップ４：所要時間を設定する
ステップ５：期限を設定する
ステップ６：タスク／ＴＯＤＯリストに記入する

04

ステップ1　すべて書き出す

まずは、ステップ1です。ここでは、頭の中にあるやらなければならないことや、やりたいことをすべて書き出します。

書き出す場所ですが、頭の中にあることをすべて出すわけですから、かなりのスペースを必要とします。したがって、手書きする場合には手帳ではなく、スペースの制限がないノートを使ってください。

また、付せんに書いて並べる方法もあります。エクセルなどのデジタルツールでまとめることもできます。

それでは、ツールごとに具体的な方法を紹介していきましょう。

①ノートに書き出す

ここでは、ノートに書き出すときに注意してほしいことを書いておきます。それは、思いついたタスク・やるべきことなどを思いついた順番で**「すべて」書く**ということです。書こうか、書くまいかと迷うのは時間と思考のムダです。不要と思えばあとで削除してもかまわないので、ここでは一旦、すべて書き出してしまいましょう。

もう1点、気をつけてほしいことがあります。それは余白をたっぷり取って書くということです。

タスクは1度書き出して終わりではありません。あとで読み返して、関連することを思いついたときには追記することもありますし、終わった項目があればチェックを入れたり赤線で消したりします。

また、書き出したタスクが1回のアクションで完了することでなかった場合には、細かなタスクに分解する必要もあります。

このような作業を行いやすくするためにも、最初は多すぎるくらいの余白を取って書き出すようにしてください。

②付せんに書き出す

まず、1枚の付せんにつき、1つのタスクだけを書くことが原則です。

1枚に複数のタスクが書いてあると、すべてのタスクが完了するまで、その付せんを残しておくことになります。

それでは、タスクを確認するたびに完了済みのタスクが目に入ってしまい、好ましくありません。

それから、「付せんに書き出す」というと、1枚の付せんに書いたら貼る、次の付せんにも書いたらまた貼る、と繰り返している人も多いようです。

しかし、私はまずは白紙の台紙いっぱいに付せんを貼り付けてから書き始めることをお勧めしています。その理由は、**人は空白があると埋めたくなる**からです。

これはタスク整理のときに限らず、さまざまなアイデアを出すときも同じです。先に書く場所を用意しておいたほうがアイデアが出やすくなりますので、ぜひやってみてください。

③エクセルに入力する

これも手書き同様に、ただ思いついたことを思いついた順番ですべて書き出していくだけなので、特に説明する必要はないでしょう。

ノートに手書きする場合には余白をたっぷりと取っておく必要がありましたが、デジタルツールは簡単に行や列を増やすことができるので、スペースはあまり気にしなくてもかまいません。

そういう意味ではデジタルツールは便利ですが、タスクリストは、いつでも・どこでも確認できるようにしておく必要がありますので、リストが完成したら、印刷して手帳やノートといっしょに持ち歩くことをお勧めします。

ここでは、割愛しましたが、そのほかにもマインドマップやロジックツリーといったフレームワークを使ってまとめる方法もあります。いろいろな方法を試してみたい人は調べて試してみてください。

タスクをすべて出し切ったら、次のステップ2に進みましょう。

05

ステップ2　次のアクションは複数あるか？

「次のアクションは複数あるか？」とは、「そのタスクが1回のアクションで完了するのか、それとも、1回では終わらず、複数の作業やタスクが発生するのか？」ということです。たとえば、「企画書を作る」、あるいは「プレゼン資料を作る」といわれても、いったい何をすればいいのか、わかりません。

このような大きなタスク（「プロジェクト」と呼びます）は、「〇〇すればいい」と具体的な行動が見えるまで分解していきます。プロジェクトを小さく分解することで行動しやすくなるからです。

もし、複数のアクションが必要な場合は、次のステップ3に行き、細かく分解します。

1回のアクションで完了し、かつ、5分以内で終わるタスクの場合は、リストに記入する時間がもったいないので、その場で処理してしまいましょう。5分以上かかりそうな場合は次のステップ4に進みます。

次のアクションは複数あるか？

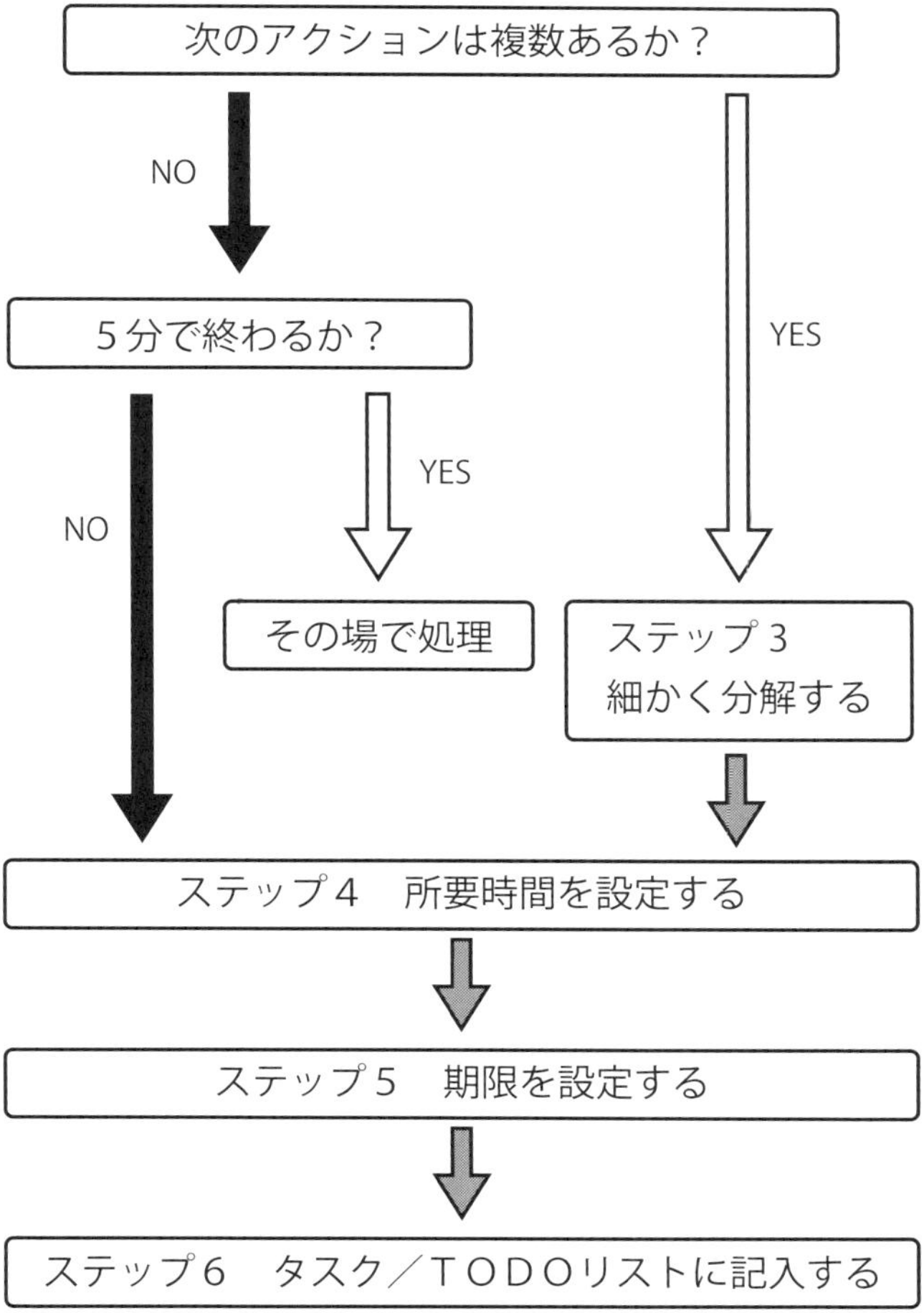

06

そのタスク、細切れにできないか？

「会議を開催する」というプロジェクトを例に細切れにしてみましょう。「会議を開催する」といっても、複数のアクションが必要ですので、それをすべて書き出します。

・日時を決める
・参加者を決める
・場所（会議室）を探す
・場所（会議室）を予約する
・レジュメを作る
・会議開催案内を送る
・資料を準備する（これもプロジェクトですので、さらに細かく分解します）

すぐに思いつくことだけでも、これくらいありますが、実際にはもっと多くのタスクがあるはずです。手順を含めて、これらを思いついたままに処理していたのでは、必ずヌケやモレが発生します。そうならないように、慣れるまでは、どんな細かなこともタスクとして書き出すようにしましょう。

大きなタスク（＝プロジェクト）を小さなタスクに分解するときに気をつけてほしいことがありますので、ここではそれらについて紹介していきます。

具体的な行動を書く

もっとも大事なことは「〇〇する」と、具体的な行動を書くことです。「〇〇について考える」「〇〇について検討する」では、何をしていいのかがわかりません。

そのタスクが完了したのか、していないのかを明確に判断するためにも、具体的な行動を書きましょう。

なるべく小さく、どんなに大きくても1時間以内の作業に分解する

人の集中力は、それほど長く続きません。ものすごく集中した状態を保てるのはたった

15分、普通に集中できるのが30分、長くても90分が限界といわれています。また、長時間集中したあとには疲れが残り、回復にも時間がかかってしまいます。

ですから、1つひとつのタスクは、集中したら1時間以内で処理できる作業に分解するようにしましょう。

そして、1つのタスクが終わったら、5分から10分程度の休憩をはさんで次のタスクに取りかかる。それが、一日中集中力を持続するコツにもなります。

数字が入っていたほうがよい

タスクを処理するときにも、ゴールや進み具合が明確にわかったほうが、やる気も集中力も継続しやすくなります。たとえば、5個のうち3個終われば、残り2個だからもう少し頑張ろう、という気持ちになりますよね？

ですから、ゴールに近づいていることが明確にわかるように、タスクには数字を入れたほうがよいのです。

細切れにする

タスクが大きすぎないか？

商品企画を考える

↓

ヒット商品のPOSデータを調べる

自分が関心のあることを書き出す

過去のアンケートを見直す

具体的な行動に落とし込む

07

ステップ3　細切れにする

それでは、大きなプロジェクトをタスクに分解する方法を簡単に紹介しましょう。

ノートに書き出す

先ほども例として挙げた「会議を開催する」ような、それほど大きくないプロジェクトや複雑ではないものは、

・日時を決める
・参加者を決める
・場所（会議室）を探す
・場所（会議室）を予約する
・レジュメを作る
・会議開催案内を送る

・資料を準備する……

と、ノートに書き出すだけで整理できるでしょう。

しかし、もう少し複雑なプロジェクトで、やることを書き出したあとに順番を入れ替えたり、さらに細かく分解したりする必要がありそうなときには、ノートではやりにくいのでほかの方法を使います。

付せんに書き出す

書いたものの順番を入れ替えたり追加や削除も簡単にできるものといえば付せんです。したがって、少し複雑なタスクを細切れにするときには付せんを使って分解していきます。

やり方としては、まずは思いつくことをすべて付せんに書き出します。

その次に、似ている項目をまとめたり、もっと細かく分解したほうがよさそうなタスクが見つかれば、それも分解して書き出したり、実行する順番がわかるように並べ替えたりします。

たとえば、私が前の本を書いたときには、まずは書けること、書きたいことを思いつくままに付せんに書き出しました。

付せんに書き出す

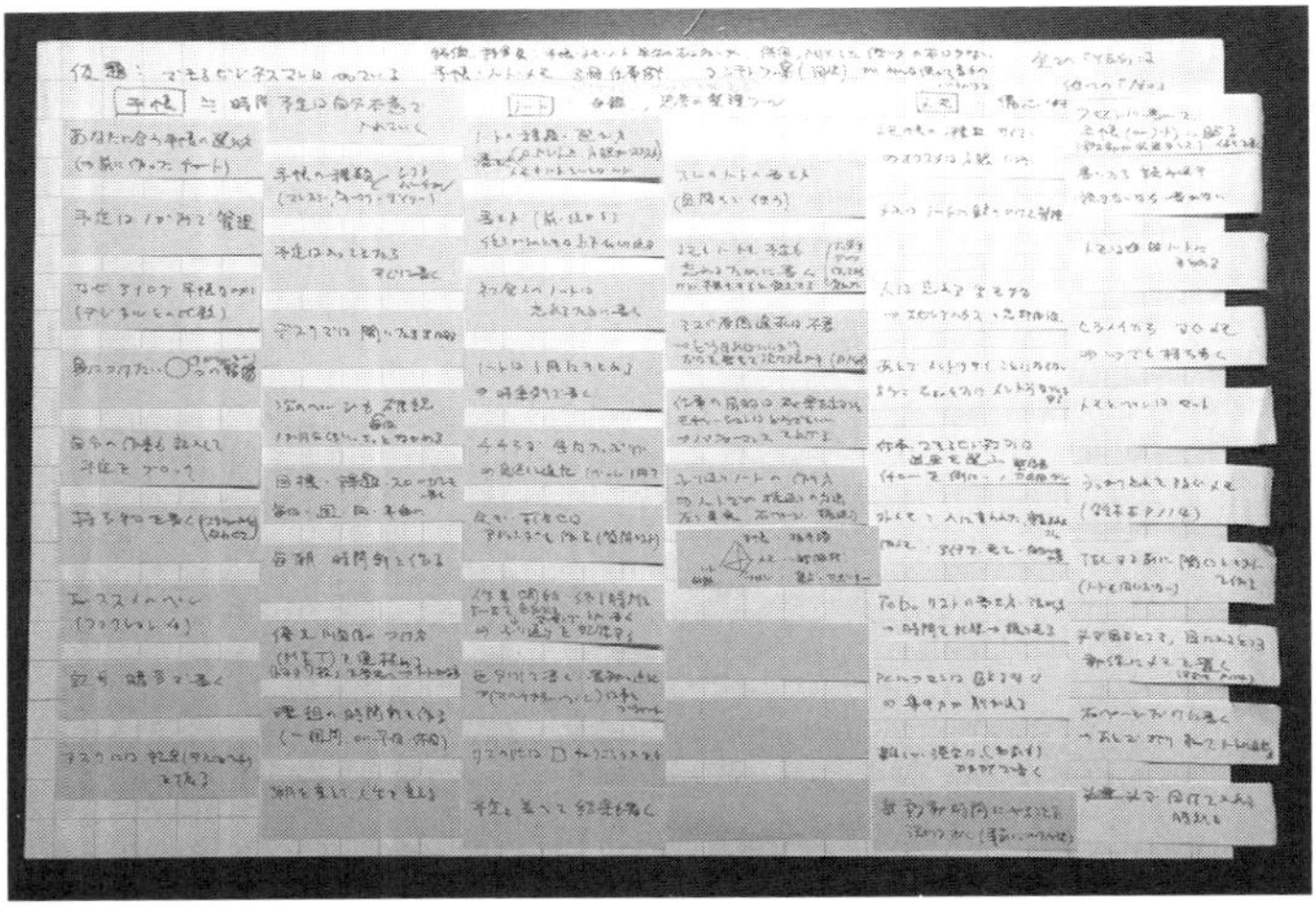

付せんに書き出すポイント

- 付せん１枚につき、１つのタスク
- 白紙の台紙の上に付せんを貼り付けてから書き出す
- 順番を気にせず、思いつくままにすべて書き出す
- 似ている項目をまとめたり、より細かく分解する
- 最後に、順番を整えたり、不足分を書き出す

ある程度書き出したら、今度は似た項目をまとめたり、伝わりやすい順番を考えながら並べ替えたり、ほかにも書けそうなことを思いついたら、それも付せんに書き出して追加したりしました。

付せんに書き出すときも、まずは白紙の台紙いっぱいに付せんを貼り付けてから書き始めるといいでしょう。

WBS（Work Breakdown Structure）を切る

複雑なプロジェクトで、複数の人がかかわる場合や、トータルの作業時間を知りたいときにはＷＢＳという手法を用います。

ＷＢＳとは、プロジェクト全体を細かな作業（Work）に分解（Breakdown）した構成図（Structure）です。プロジェクト全体でやるべき作業と必要な時間を洗い出す際にとても役立ちます。

ＷＢＳは細かなタスクごとに人と時間を割りつけられる手法なので、興味がある人は調べて試してみてください。

WBS を切る

プロジェクト名：　カツカレー作りプロジェクト

大項目	中項目	小項目	所要時間	主担当
	家にある材料を出す	米	2	Bさん
		パン粉	2	Bさん
		てんぷら油	2	Bさん
		小麦粉	2	Bさん
		塩・こしょう	2	Bさん
		料理器具（鍋・包丁・まな板）	5	Bさん
下ごしらえをする	豚肉の準備	スジを切る	10	Aさん
		塩・こしょうをする	3	Aさん
		溶き卵に浸けてパン粉にまぶす	5	Aさん
	ご飯の準備	米を研ぐ	5	Bさん
調理する	カツを揚げる	油できつね色に揚げる	12	Aさん
	ご飯を炊く	炊飯器にお米を入れスイッチを押す	45	炊飯器
	盛り付ける	お皿にご飯をよそう	2	Aさん
		ご飯の上にカツをのせる	2	Bさん
		カツとご飯の上にカレーをかける	2	Bさん

WBS とは、Work Breakdown Structure の略で、

タスクを細分化した一覧表のこと。

プロジェクトを小さなタスクに分解して見える化する手法。

工数（所要時間）の見積もりや進捗状況を併記することも多い。

- やるべき作業が明確化される
- 工数・工程管理ができる
- 役割を分担できる

などのメリットがある。

5分以内でできることは、その場で処理する

プロジェクトを分解していると、今すぐ短時間で処理できることも出てきます。

そのときは、その場ですぐに片づけてしまいましょう。数分で済むことは、記録せずにさっさと終わらせてしまったほうが、タスクも減るし気分もスッキリします。

この章の初めのほうで「(タスクの見える化は) 時間に余裕があるときに取り組んでください」と書きましたが、短時間で処理できることをその場で済ませてしまう時間を確保することも考慮しての話です。1つひとつのタスクは5分以内で終わったとしても、数が増えればその分、時間も必要になるからです。

同じ理由でメールも時間に余裕があるときしか読まないようにします。短時間で処理できるものはすぐに処理したいし、同じメールを何度も読み返すのは時間のムダになってしまうからです。

08

ステップ4 所要時間を設定する

タスクリストの目的は、2つあります。

・やることを忘れないようにまとめて書き留めておくこと
・タスクを処理するのに必要な時間を把握すること

この2つの目的からわかる通り、**タスクと所要時間はセット**ですから、タスクリストには必ず所要時間も書くことを忘れないようにしてください。

1つひとつのタスク処理にかかる時間が把握できていれば、ちょっとしたスキマ時間でできることを探して処理することもできます。

また、プロジェクトごとにまとめたタスクリストであれば、そのプロジェクトを完了するまでに必要な時間を把握することも容易にできます。

ちなみに、以前私がセミナーを開催したときは、付せんに書き出したタスクとそれを処理するのに必要な時間をすべてエクセルに入力し直して、時間の集計まで行いました。

面倒ではありましたが、そうすることで、項目ごとの必要時間と、すべてのスライドを作り上げるための総時間が把握できました。

さらに、スライドごとに説明する時間も設定し、それも集計することで、セミナーに必要な時間も確認しました。

こうしておけば、今どこまでできているのか、今後何を作らなければならないのか、そのために、どれくらいの時間が必要なのか、スライドが多すぎて時間オーバーになっていないかなどがすぐにわかります。

09

ステップ5　期限を設定する

期限がないものは仕事ではありません。もしあなたが「いつでもいいから原稿を書いてください」と言われたら、すぐに取りかかりますか？

最初のうちはやるかもしれませんが、そのうち「ほかにやることもあるし、今書かなくてもいいや」と先延ばしを続けて、いつになっても完成することはないでしょう。

期限がなくても完成させられることが理想ですが、それができる人はほとんどいません。多くの人は期限があるから、それまでに終わらせるために仕事をするのです。ですから、タスクには必ず期限を設定するようにしてください。

2つの期限を設定する

あなたは、依頼者から指定された期限までに仕上げればいいと思って作業をしていたけれども間に合わなかったり、期限内に満足できる品質のものを作り上げられなかったり、していませんか？

その理由は3つあります。

1つ目は、割り込みの仕事は必ず発生するからです。

「この仕事もそろそろ取りかからないと間に合わなくなりそうだ」

こう思って取りかかろうとしたときに、上司から別の急ぎの仕事を依頼された、といった経験をしたことがあるのではないでしょうか？

「ほかの仕事があるので受けられません」

こう言えれば、理解のある上司だったら、ほかの人に頼んでくれるかもしれません。

しかし、人員の問題などから、あなたがやらざるを得ないこともあるでしょう。

あるいは、クレームやトラブルが起これば、すぐに対応しなければなりません。

そうなると、やろうと思っていた作業ができなくなってしまいます。

2つ目の理由は、仕事は、思っていたよりも時間がかかることも多いからです。

「締め切りギリギリになって取りかかったら、思いのほか時間がかかってしまい、期限までに終わるかどうか怪しくなってきた……」

こんな経験をしたことはありませんか？

そのような時間に追われる状態で仕事をしていると、普段だったら簡単にできることでも焦って、ミスをすることも多くなりかねません。

そして、ミスが発生すると、それを修正するための時間も必要になります。そうなるとますます慌ててしまうでしょう。悪循環です。

3つ目は、完了したと思って提出したけれど、修正が必要になることも多いからです。自分では依頼された通りのものができたと思っていても、相手が同じように感じているとは限りません。

「お願いしたものとイメージが違う。もう少しこんな感じで修正してほしい」

こう言われたことがある人も多いのではないでしょうか？

修正するのに十分な時間があればいいのですが、なかった場合はどうなるのでしょう？

たとえば、明日の朝9時に必要な資料なのに、修正を頼まれたのが、前日の17時だったら、終業後のプライベートの予定をキャンセルして残業して修正しなければならなくなるかもしれません。

このようなことにならないように、本当の期限（＝デッドライン）以外に、期限を前倒しした**「自分締め切り」**も設定するようにします。

どのくらい余裕を見込んでおけばいいのかは、仕事の内容によりますが、私は半日から1日程度は早く提出するように心がけています。

仕事を期限前に提出して、称賛されることはあっても、怒られることはまずありません。慌てて作業をしてレベルの低い成果物を作るのか、時間に余裕をもって満足できる仕事をするのか、どちらが望まれるかは言うまでもありませんよね。

ですから、仕事を依頼されたときには、デッドラインよりも前倒しの自分締め切りを設定して、それを守るようにしてください。

10 ステップ6　タスク／TODOリストに記入する

複数のアクションが必要だったプロジェクトも小さなタスクに分解しました。２つの期限も設定しましたので、次はタスクリストを作りましょう。

タスクはリストとしてまとめておくことをお勧めします。

しかし、一度書いたものを書き直すのは面倒というのであれば、付せんを並べ替えて手帳やノートに貼り付けるだけでもかまいません。タスクリストを作るのが目的ではありませんので、なるべく手間がかからない方法を選んでください。

ここでの注意点は１つ。タスクを書き出した付せんをパソコンのモニターに貼りつけないことです。

付せんははがれやすく、机の下に落ちてしまっては、はがれたことに気づかないかもしれませんし、見つからなければ、そのタスクを思い出すことができないかもしれません。すぐに目に入る場所にタスクが並んでいると集中力を遮られるという理由もあります。

やってはいけないタスク／TODO管理

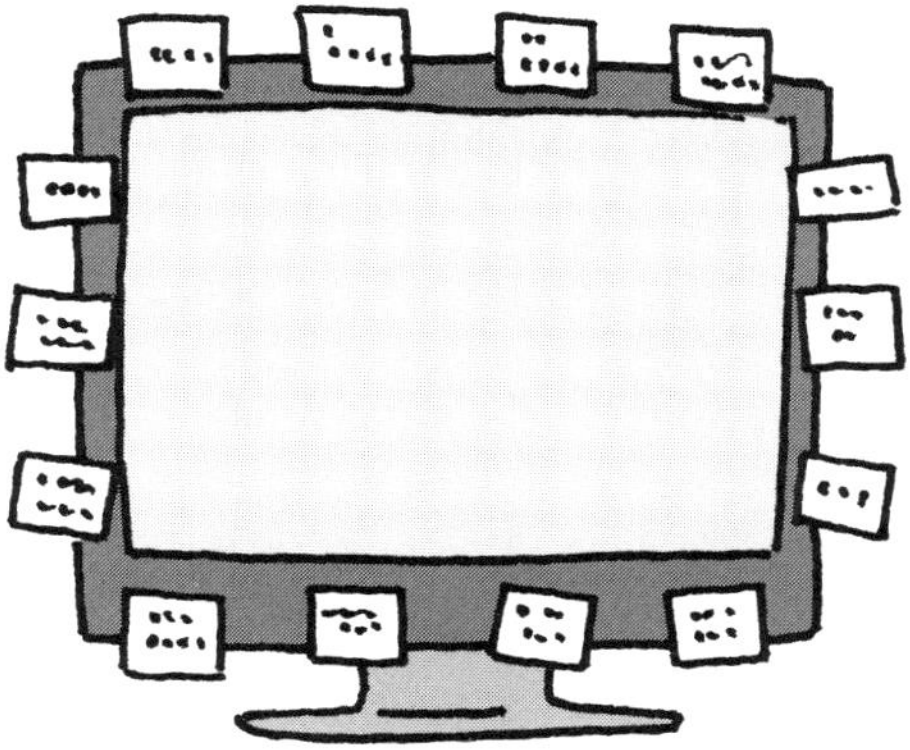

モニターをひまわりやライオンのように
してはいけません

タスクリストのフォーマット紹介

ここまでで、タスクを設定する際には、所要時間と２つの締め切りを設定することを勧めてきましたので、これらを含んだタスクリストを作成しましょう。

「わざわざリストを作るのは面倒だ。覚えていられるから大丈夫！」

そう思うかもしれませんが、「人は忘れる生き物である」というのは前述の通りです。

また、これも先ほど書きましたが、人は空白（枠）があると、何かで埋めようとします。ですから、フォーマットがあると、その枠の中には何か書き込まなければならないという気持ちにもなり、空欄部分に入れることを無意識に考えてしまうものです。

手書きでも、エクセルなどで表を作っても、タスク管理アプリを使ってもかまいませんが、必ずフォーマットを決めてリストにまとめておきましょう。

なお、エクセルなどパソコンで作った場合には、いつでもすぐに見られるように印刷して、手帳やノートといっしょに持ち歩くことを強くお勧めします。

タスク／TODOリストに記入する

アナログ（紙）での管理

タスクリスト　2019 年 12 月 13 日

No.	タスク（やること・やりたいこと）	所要時間	本当の期限	自分の期限	詳細/備考
A	A-プロジェクト　議事録作成	0:30	2019/12/18	2019/12/15	
B	A-プロジェクト　次回のアジェンダ作成	1:00	2019/12/16	2019/12/15	他の出席者にも追記してもらう
C	B-プロジェクト　打ち合せ資料印刷	0:15	2019/12/16	2019/12/15	自分用の控えのみ
D	出張経費精算	0:20	2019/12/24	2019/12/22	領収書をまとめておく
E	定例会議用会議室予約（1か月分）	0:30	2019/12/27	2019/12/25	
F	P-計画　企画書の構成を手書きで作成	0:30	2019/		
G	T-プロジェクトの提案書を課長に確認する	0:30	2019/		
H	○○さんに電話	0:05	2019/		
I	R1プロジェクト　議事録確認	0:20	2019/		
J					
K					

必要な時間（所要時間）と本当の期限、自分の期限も書く

デジタルで管理

現在の私は、「Toodledo」というタスク管理アプリで管理している

フォルダ一覧画面

フォルダ内のタスク一覧

タスクの詳細画面

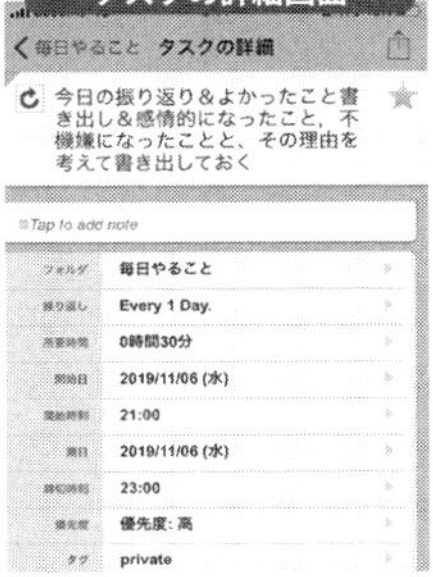

仕事はプロジェクトごと、仕事以外のことは、「夢・目標」「毎日やること」「平日やること」など、複数のフォルダに分けて管理。データはクラウド上に保存されるので、パソコンでもスマホでも同じデータを確認でき、便利。

11
スキマ時間用のTODOリストを作る

先ほどは、期限が明確に決まっているタスク用のリストを作る方法を書きました。

しかし、タスクは期限が決まっているものだけではありません。経費や交通費の精算など、明確な期限が決まっていないもの（これをTODOという）もあります。

その場合、先ほど紹介したタスクリストでは役に立たないこともありますので、それ用のリスト（TODOリスト）も作っておきましょう。

たとえばあなたは、約束している相手から15分くらい遅れますと連絡があったとき、何をしていますか？ 15分でできる仕事を探して、サクッと処理していますか？

・溜まったメールを読む
・回覧物を読んで次の人に回す
・〇〇さんに電話する

予期しない時間の対応

TODO リストがあればスキマ時間を十分に活かせる！

・タスクリストをチェックする

など、15分あれば、いろいろなことができます。

また、3分で終わるタスクなら5個、5分かかるタスクなら3個を処理することができます。30分かかるタスクだけれども、途中で中断しても影響がないなら、半分まで終えることができます。

スキマ時間用のＴＯＤＯリストを持っていれば、このような無意識にムダにしている時間が減るので、残業時間も減って早く帰れるようになるのです。

スキマ時間はいつ発生するのかわかりません。突然時間ができたときに、「何をしよう？」と考えて時間を使わないようにすることが大事です。

私は、会社用・外出時用・自宅用と3種類のスキマ時間用のＴＯＤＯリストを作って、それぞれに1分でできること、5分でできること、10分でできることを書き留めています。

また、突然スキマ時間が発生してもいいように、必要なものもいっしょに持ち歩くようにもしています。

スキマ時間用の TODO リスト

エクセルで管理

スキマ時間用TODOリスト　　2019 年 12 月 1 日 作成

スキマ時間にやること・できること	詳細/備考
1分でできること	
今の作業の振り返りをノートに書く	
MyStatsに実績を入力	
今日の課題確認	
今週・今月の目標確認	
今後の予定をGoogleカレンダーで確認する	
タスクチェック	
5分でできること	
今週の課題・目標を確認する	
メールの確認 → 作業が不要なメールはすぐに返信	
メモの読み返し・整理・追記	
机の整理（書類の処分）	
回覧を読む	
内職することを書き出しておく	出番がなさそうな打ち合わせ前に
10分でできること	
今年の目標を読み返す	
ノートを読み返し、気づきや改善点等を書き出す	

アプリでの管理

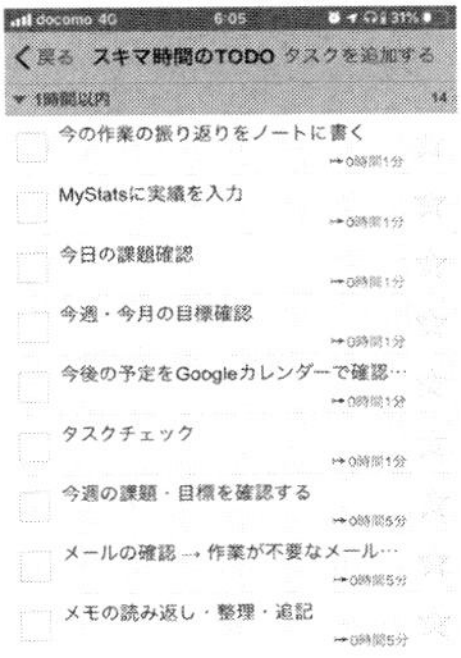

タスクは所要時間がかからない順に並べている

スマホアプリの画面

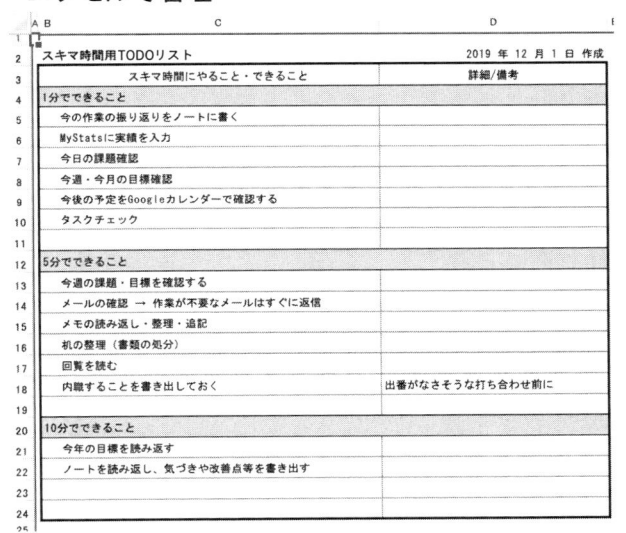

12

移動時間用のＴＯＤＯリストを作る

移動時間用のＴＯＤＯリストを持つ理由はスキマ時間用のＴＯＤＯリストと同じです。電車に乗ったあとで「さて、何をしよう？」と考えていると、「これをやろう！」と決めたときには目的の駅に着いているかもしれません。それでは遅いのです。

時間を有効に使うために、「何をするのか」は電車に乗る前に決めておかなければなりません。

「それならスキマ時間用のＴＯＤＯリストでもいいのではないか？」

そう思われるかもしれませんが、自席に座っているときと電車に乗っているときでは、できることが違います。

たとえば、職場の自席に座っているときには、机の上を片づけたり、不要になった書類を処分したりできますが、電車のなかでそんなことはできません。

ですから、スキマ時間用とは別に移動時間専用のリストを持ったほうがいいのです。

移動時間用の TODO リスト

Excel で管理

移動時間用TODOリスト	2019 年 12 月 1 日 作成
移動時間にやること・できること	必要なモノ
1分でできること	
MyStats（ライフログアプリ）に実績を入力	スマホで
今週・今月の目標確認	スマホで
今後の予定をGoogleカレンダーで確認	スマホで
タスクチェック	スマホで
SNSチェック	スマホで
5分でできること	
経路・行き先検索	始めていく場所のとき・スマホで
SNSへの投稿・コメント返信	
ひらめいたことや思いついたことをメモ書き	ペン・メモ帳
ブログ・メルマガのネタ出し	メモ帳に書いておく
読書	本・キンドル
10分でできること	
原稿のチェック	紙原稿
ブログ・メルマガの下書き	座れた時はノートPCで

アプリでの管理

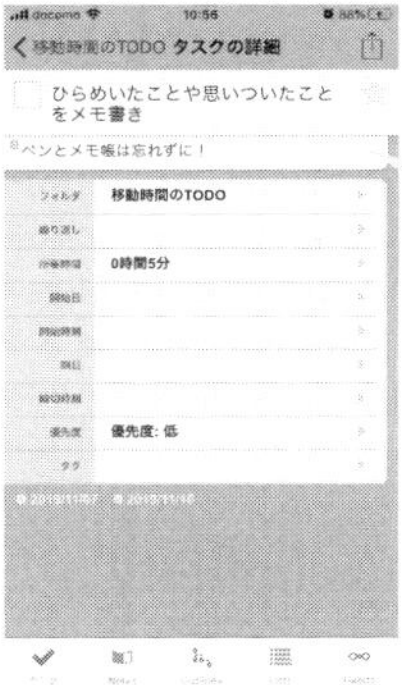

移動時間用の TODO リストには、
その TODO を実行するために
必要な物も記録しておくと
忘れものがなくなる！

スマホアプリの画面
持ち物もメモに記入している

13

必要な持ち物もリストに記録しておく

あなたは、仕事で移動しなければならないとき、電車やバスの中で何をしていますか？

私は、電車に乗る時間が5分くらいであれば、スマートフォンでやることリストやスケジュールを確認します。

10分くらいあれば、メルマガのアイデア出しをしてメモ帳に書き出したりします。

また、この原稿を書いている現在は、印刷した本の原稿を取り出して、それを読みながら追記したり修正したい箇所に赤ペンで書き入れたりしています。

もっと長い時間、15分以上の時間があって座れたときには、カバンからノートパソコンを取り出し、メルマガの下書きをしたり、本の原稿を修正したりします。

それほどやることがないときには、時間の長さにかかわらず本を読んでいます。

では、これらに共通することは、何でしょうか？

そうです、どの作業を行うにも道具が必要です。スマートフォンはいつも持ち歩いているので、わざわざ「持っていかなければ」と思うことはありません。

しかし、原稿をチェックするのであれば、印刷した原稿が必要だし、メモ書きするのであればメモ帳が必要です。パソコンで作業をするのなら、当然パソコンを持っていなければできませんし、本がなければ読むこともできません。

ですから、移動中にどんなことができそうか、を考えるときには、それといっしょに、それを行うために必要な道具もリストに記録しておきましょう。77ページの図を参考にしてみてください。

外出する前にそのリストを確認するようにしておくと、移動時間という貴重な自由時間をムダにすることがなくなります。

第3章

予定を見える化する

01

予定は自分へのアポも記録しておく

第2章では所要時間と2つの締め切りを見える化してタスクリストを作りました。タスクリストを作っただけで、そのタスクが終わったような勘違いをしてしまうこともありますが、そうではありません。タスクは実行して初めて完了します。

この章では、いつタスク処理するのかを決めて予定に入れる方法について説明していきます。

あなたは、手帳やノート、グーグルカレンダーなどのスケジュール管理ツール（以降、これを「スケジューラー」と呼ぶことにします）には、どんな予定を書いていますか？

会議や打ち合わせ、出張など、予定は忘れないように全部しっかり書いているという人も多いでしょう。

しかし、それだけではスケジューラーをただの備忘録として使っているにすぎません。

効率化や生産性向上のために「見える化」するという観点から見ると、スケジューラーが持っている機能の半分どころか、20％も使えていないといっていいでしょう。

「じゃあ、予定以外に何を書けばいいのか？」

そんな質問が聞こえてきそうですね。

私の答えは「すべて」ですが、この章では予定の見える化について書いていますから、スケジュール管理に関することだけを見ていきましょう。

ほとんどの人が書いている会議や打ち合わせ、出張などはすべて相手がいること、つまり他人との約束です。スケジューラーには他人ではない人との約束も書きます。

「他人ではない人」というと、そうです、自分自身です。

手帳には他人との約束だけでなく自分の行動予定、つまり**自分との約束（アポ）**も書きます。自分とのアポとは、自分の作業計画や行動予定です。ひとりでデスクワークをするのなら、何をするのかを書いておくということです。

02 何のために予定を見える化するのか？

何のためにわざわざ書く時間を取って、予定を見える化する必要があるのでしょうか？

一番の目的は、他人との**約束を忘れない**ためです。

約束を忘れてしまったら信用はガタ落ちですから、そうならないように、脳の外部記憶装置として手帳やグーグルカレンダーなどのツールを使うのです。

予定は、入ってきたらすぐにスケジューラーの該当する日時に書く。当たり前のことですが、これができていないから予定を忘れてしまったり、モレが発生するのです。基本中の基本ですが、もっとも重要なことです。

約束を忘れない、必ず守るというのは、それだけでも強みになりますので、予定は入ってきたらすぐに書く習慣を身につけてください。

もし、新しい予定が確定していないときには、工夫を入れます。

・グーグルカレンダーなどのデジタルツールを使っているのなら「(仮)」を入れておく
・アナログの手帳に書くのなら鉛筆や消せるペンで書いておき、決定したらペンで書く
・あるいは仮の予定はバーを点線で書いておき、決定したら実線で引く

など、確定した予定なのか仮の予定なのかがわかるように書き分けておけばいいのです。ここで紹介した以外にもさまざまな方法がありますので、自分がやりやすい方法をまずは試してみてください。

自分とのアポも同じです。
時間軸が入っているカレンダーで自分の行動予定を見える化しておけば、いつ・何をしなければならないのかがパッと見てわかるので、「次は何をしよう」と考えるムダな時間がなくなり、すぐに行動に移すことができます。

さらに、上司から割り込みの仕事を頼まれそうになったとき、

「今日はAとBとCの仕事をやる予定なのですが、それよりも優先してやりますか、その場合、Bは明日でもいいですか？」

と確認し、場合によっては割り込み仕事のほうを断ったり、もともとの予定を組み直したりすることもできるようになります。

予定を見える化する目的はこれだけではありません。詳しくはこのあと紹介しますが、自分の行動を促す効果や、仕事を高速化して時間内に終わらせる効果もあります。

このように、たくさんのメリットがありますので、ぜひ習慣にしてください。

予定の入れ方

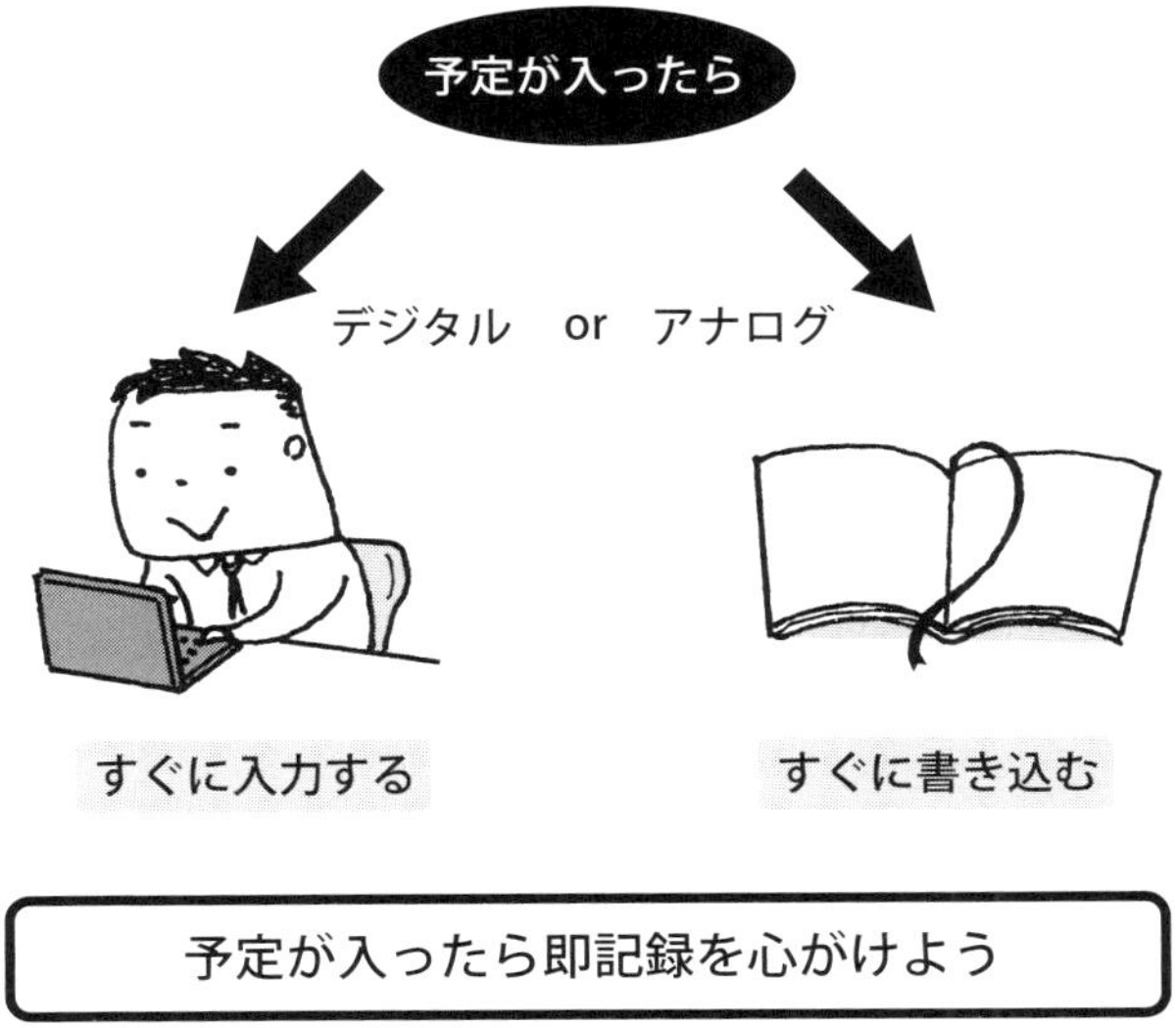
予定が入ったら
デジタル　or　アナログ
すぐに入力する
すぐに書き込む
予定が入ったら即記録を心がけよう

03

仕事の八割は段取りで決まる

「段取り八分・仕事二分」とも言われるくらい、仕事においては「段取り」、つまり「計画」が重要です。

ここでいう「段取り」とは、仕事に取りかかる前に、どういう順番で進めるのかを計画することですが、ここで必要になってくるのが**「予定の見える化」**です。

わかりやすい例で言うと、あなたは知らない場所に初めて行くとき、事前にルートを確認しますよね？

そうすれば迷うことなく目的地に到着できます。

仕事もこれと同じです。仕事に取りかかる前に、今日はどういうルート（手順）で仕事を進めるのか、少し時間を取って確認し、しっかり準備をしておけば、手戻りなく最短距離で進めますので、仕事が早く終わるのです。

大人も時間割を作ろう！

あなたは社会人になってから**時間割**を作ったことがありますか？

「会議や打ち合わせの予定は手帳に書いて、忘れないようにしているけれど、時間割までは作ったことがない。というより、そもそも時間割とは何ですか？」

こんな人も多いのではないでしょうか？

しかし、会議や打ち合わせのような他人との約束を書いただけでは、時間を有効に活用することができません。

時間割には2つの大きな効果があるのです。それは**「締め切り効果」**と**「苦手な作業にも取りかかれる」**という効果です。

それでは、それぞれについて簡単に説明しましょう。

締め切り効果

締め切り効果とは、終わりの時間が決まっているので、それまでに何とか終わらせようと集中して取り組むことができる効果のことです。

あと15分で外出しなければならないけれど、その前にこの書類を書き上げて提出しなければならない。

あなたも、このような状況に直面したことがあるのではないでしょうか？

そのような状況になると、いつも以上に集中して、普段だったら30分くらいかかりそうなことでも15分で書き上げられることもあります。

「時間割を作る」とは、すべてのタスクに**開始と終了の時刻を決める**ということです。

それにより、仕事に集中して短時間で処理することができるのです。

苦手な作業にも取りかかれる

学生時代のことを思い出してみてください。国語・数学・英語・日本史……、さまざまな教科がありましたが、まんべんなく勉強しましたよね。

なぜ、そのようなことができたのか？

それは時間割があったからです。

もし時間割がなかったら、「数学は好きだけど、日本史は苦手だから、数学ばかり勉強しよう」という生徒も出てくるのではないでしょうか？

こんなことをしていては、好きな教科はどんどん進みますが、苦手な教科やりたくない科目は全然進みません。

仕事もこれに似ています。パワーポイントを使ってプレゼン資料を作るのは好きだけど、計算は苦手という人がいたとしましょう。その人の元にもプレゼン資料作成に限らず、計算をしなければならない仕事が回ってくるかもしれません。

「苦手な仕事はほかの人に任せるから大丈夫！」

そういう人でも経費や交通費の計算など、苦手だけれどどうしても自分でやらなければならないこともあります。

しかし、人は苦手なことにはなかなか取りかかろうとはせず、ついつい先延ばししてしまいます。すると、いつまでたっても経費の精算ができないことになります。

そのようなことにならないように、自分の行動をロックするためにも時間割を作って、半ば強制的にやらざるを得ない状況にするのです。そうすることで、どんな仕事にも取りかかることができるようになるのです。

04

作業時間を見える化する

ここからは、具体的な時間割の作り方を紹介していきますが、これまで時間割を作ったことがない人は、1つひとつの作業にどれくらいの時間がかかっているのか把握できていないかもしれません。

また、無意識で行っていることは思い出すことができないかもしれません。

ですから、

・朝起きてから出かけるまで何分かかるのか？
・通勤時間には何をしているのか？
・昼休みに食事をとっている時間は何分なのか、食べ終えたあとは何をしているのか？
・会議の議事録を書くのに何分かかっているのか？

そのような繰り返し行う作業に必要な時間を把握するために、できれば1週間、最低でも3日間は朝起きてから寝るまで、何時から何時まで何をしていたのか、すべての行動を記録して把握することをお勧めします。

今日のタスクを見える化する

時間割を作る前に、あらためて今日中にやらなければならないことや、やりたいことを書き出して見える化します。

「タスクリストがあるのに、また書き出すのは面倒だ……」

そう思う人がいるかもしれませんが、再確認するつもりでタスクリストを見返しながら、今日やることを選ぶのです。

このとき、タスクリストには所要時間も書いて、集計してみてください。合計、何時間になりましたか？

6時間くらいなら残業しなくても終わる可能性が高いでしょう。

しかし、10時間を超えるようでは、残業決定です。その場合には、やることを見直すなど、定時で終わるように、所要時間を圧縮する必要があります。

1日に処理するタスクの量は、1日8時間勤務なら6時間分くらいに抑えておきましょう。割り込み仕事が入ってきたり、予定通りに進まないことも考慮して予備の時間を取っておくのです。

6時間を超えるタスクを書き出してしまったときには、「必ずやることをAランク」「Aランクの仕事が終わったらやることをBランク」「時間が余ったらやることをCランク」とするなど、優先順位をつけておくのもいいでしょう。

そうすれば、予定していた仕事が早く終わったときに「次は何をしよう?」と考え込まずに、すぐに次の仕事に取りかかることができます。

また、締め切りが近い仕事ばかりで埋め尽くさないでください。今は緊急ではない仕事も、先延ばしを続けると緊急な仕事になってしまいます。そうならないように、緊急ではないけれども重要な仕事も必ず予定に入れるようにしてください。

今日のタスクを見える化する

■今日やること，やりたいこと		見積時間	実際
a　睡眠	A　メール処理	30	
b　食事	B　Kプロジェクト　資料修正指示	45	
c　身支度	C　R1プロジェクト　議事録確認	30	
d　入浴	D　B-プロジェクト　打ち合せ資料印刷	30	
e　日次レビュー	E　A-プロジェクト　次回のアジェンダ作成⇒関係者に送付	60	
f	F		
g	G		
h	H		
i	合計	3:15	

■その他のやったこと，できたこと	実際	
・ I　T-プロジェクト：他部署からの質疑に回答		・
・ J　O-PJ：企画書チェックバック		・
・		・
・		・

今日中にやらなければならないことを再確認するつもりで、タスクリストを見ながら「今日やることリスト」を作ろう

05 必要な時間を記録しておく

①睡眠時間

人にとって一番と言っていいほど重要なもの、それが睡眠時間です。睡眠不足になっていいことは何もありません。

何時間以下になるとパフォーマンスが落ちるのか？

何時間寝たいのか？

何時に起きるのか？

そのためには何時に寝なければならないのか？

寝ぼけていては高いパフォーマンスで仕事をすることはできません。プロ野球選手やＪリーガー同様、サラリーマンも**仕事のプロ**です。プロなら、いつでも最高のパフォーマンスを出せるように体調管理をしなければならないのです。

そのためにも「たとえ残業したとしても○時には退社する」と就寝時間から逆算して退社時間を決め、**睡眠時間は最優先で確保**するようにしましょう。

②生活時間（食事、入浴、通勤時間など）

次に決めるのは食事の時間、入浴時間、出かけるための支度の時間などの生活時間です。予定を立てる際、生活時間を無視してしまう人が多いのですが、これらの時間を書き出してみましょう。すると、「1日の中で自由に使える時間は意外と少ないんだな」ということに気づくはずです。

この「時間は意外と少ない」という自覚が大切です。このことに気づくことで、「どんなふうに1日を過ごそうかな」と**より深く時間の使い方を考える**ようになります。結果として密度が濃い時間の使い方ができるようになるのです。

③自分の時間

3つ目に決めるのは自分の時間です。

人は仕事をするために生きているのではありません。会社に行くために時間があるのでもありません。生きるために仕事をしているはずだし、自分がやりたいことをするために時間はあるのです。

今、あなたはどんなことをしたいですか？

「平日も家族と過ごしたい」
「平日昼間に開催されるイベントに参加したい」
「疲れているからのんびりしたい」

第2章で書き出したタスクやTODO以外にも、きっと、いろいろなやりたいことがあるはずです。

ですから、1日の中で自分が自由に使いたい時間を確保しておきましょう。

やるべきことをしっかりとやっていれば、わがままOKです。仕事よりも**自分がやりたいことをする時間を優先して確保**しましょう。

必要な時間を記録しておく

必要な時間を知る

① 睡眠時間の確定

何時間寝ておきたいのか？
何時に寝て、何時に起きるかを書く

↓

② 生活時間の確定

食事、入浴、外出の支度など、
生活時間を書く

↓

③ 自分時間の確定

空いた時間を自由に使える時間とする！
毎日必ず自分時間はとること！

実際に書いて俯瞰してみる

06:30	起　床
06:30 ～ 07:30	身支度
07:30 ～ 08:30	通勤（出勤）
08:30 ～ 12:00	仕　事
12:00 ～ 13:00	昼休み（昼食）
13:00 ～ 18:00	仕　事
18:00 ～ 19:00	通勤（帰宅）
19:00 ～ 20:00	夕　食
20:00 ～ 21:00	自分の時間
21:00 ～ 21:30	入浴
21:30 ～ 23:00	自分の時間
23:00	就寝

06

退社&ラストオーダー時刻を記録しておく

①退社時刻

自分が本当にやりたいことをする時間を確保するために最初に決めること、それが退社時刻です。

私の手帳には、「この時間には仕事を終わらせて帰る」という意味で、18時のところに赤線を引いてあります。

こうしておけば、終わりの時刻を意識するので、それまでに何とか終わらせようという気持ちになり、集中して高速で仕事を処理しようとするからです。

ちなみに、私の職場の定時は17時30分ですが、机の整理や翌日の準備まで簡単に済ませたあとで退社したいので、18時を退社時刻に設定しています。

②ラストオーダー時刻

退社時刻を決めるにあたって、もうひとつ決めておかなければならないことがあります。

それが「ラストオーダー時刻」。

ラストオーダー時刻とは、「その時間までだったら、新しい仕事を受けつけても終業時刻までには終わる」という時間です。

つまり、何時まで新しい仕事を受けつけるのかを決めるということです。

銀行や郵便局の窓口も、受付終了時刻は決まっていますよね。それと同じです。

「そろそろ退社時刻だから、片づけにかかろう」

そう思っていたときに、1時間以上かかりそうな仕事を依頼されたら、予定時刻に退社できるわけがありません。

ですから、退社時刻を決めるときには、同時にラストオーダー時刻も決めておくことが大事なのです。

では、ラストオーダー時刻をいつにするかですが、「ラストオーダー時刻」を設定している例を見ると、わかります。

・飲食店だったら、料理は閉店の30分前までだけれど、飲み物は15分前までOK
・美容室だったら、カットは閉店の1時間前まで受けつけるが、カラーは2時間前まで

このように設定されているとわかります。

ですから仕事も、メールの返信で済むのだったら、退社予定時刻の15分前までは返信するけれど、作業が発生するものは1時間前までしか受けつけないなど、複数細かく設定してもかまいません。

退社時刻を守るためにはそこから逆算して、ラストオーダー時刻を決める。そしてそれを守ることで、退社時刻も守れるようになります。

しっかりと線引きして、終業後の自分の時間も確保するようにしましょう。

退社時刻とラストオーダー時刻

最初に退社時刻を決める

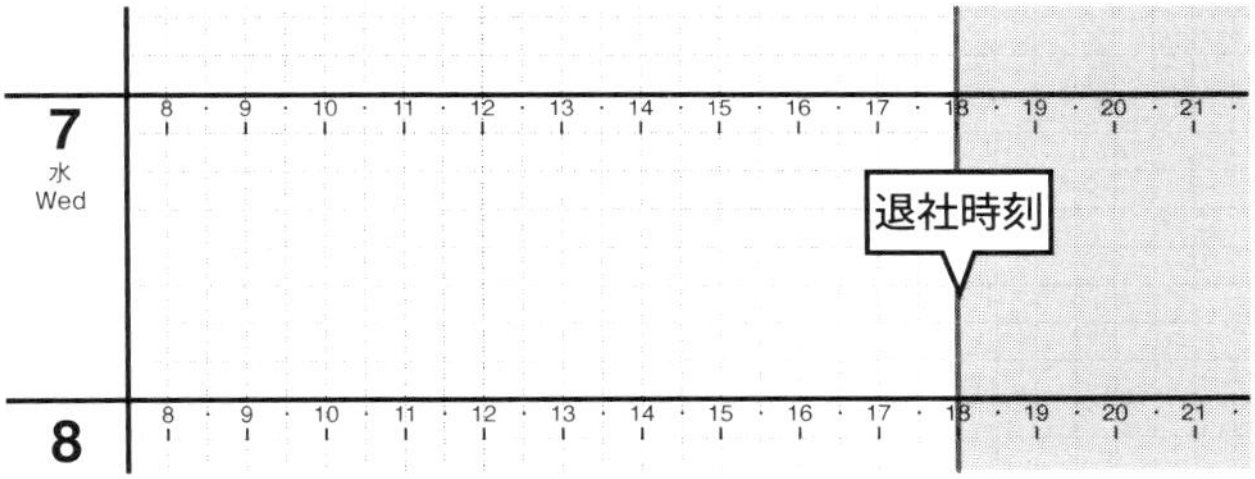

逆算してラストオーダー時刻も決めておく

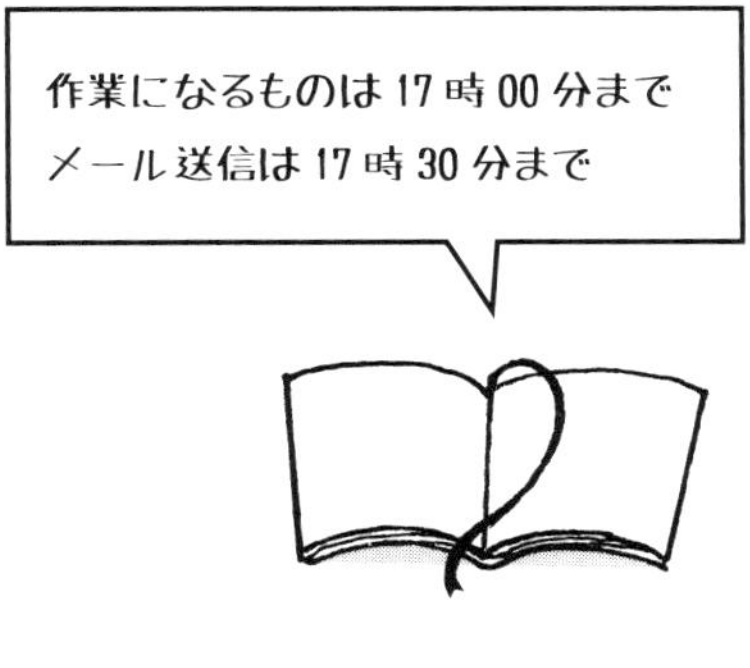

07

時間割に仕事要素を書き込む

では、ようやくここから仕事の時間割作りをスタートしましょう。

まずは動かせない予定から書き込んでいきます。動かせない予定とは、会議や打ち合わせ、来客など他人との約束（アポ）です。プライベートの予定なら、食事会や飲み会、デート、合コン、ほかには病院の予約なども入るでしょう。

自分だけの行動予定を記入して時間をブロックする

ここまで書き込んだ時間割を見てみてください。どのような状態になっていますか？

おそらく、いろんな時間帯が虫食い状態で空いていることでしょう。この空いた時間帯に、先ほど書き出した「今日のタスク」を埋め込んで、自分の行動予定を記入して時間とカラダをブロックします。

所要時間は必要な時間ではない

「所要時間」というと、そのタスクを処理するために必要な時間だと思われているかもしれませんが、そうではありません。

もちろん「何分かかるか?」も重要ですが、それよりもむしろ**「何分かけられるか?」**のほうが重要です。

今日1日で処理したいタスク全体を見て、そして1つひとつのタスクを処理するために「何分間使えるのか?」を基準に所要時間を決めます。その時間の中で最高のパフォーマンスを発揮し、求められる品質の10%増しくらいの品質で作り上げることを心がけましょう。

「大きなタスク」→「小さなタスク」で時間を埋める

空いた時間をタスクで埋めていくときには、大きなタスクから順番に入れていきます。

ここでいう「大きい」「小さい」は重要度ではありません。

「大きなタスク」とは、ある程度の時間が必要で、中断すると余計に時間がかかるため、まとまった時間を取って処理したいタスクを指します。

「小さなタスク」は、それほど時間を必要としない短時間で終わるタスクのことです。緊急で重要なタスクだからという理由で、小さなタスクを先に入れてしまうと、大きなタスクが入る余地がなくなってしまいます。

ですから、予定を入れるときには先に大きなタスクを入れて、空いたところを小さなタスクで埋めるようにしてください。

人が関わるものを先に行う

時間割を作って仕事をすることに慣れてくると、自分ひとりでやる仕事は高い精度で時間通りに処理できるようになります。上司や後輩に声をかけられたり、予定外のタスクが発生しても、あらかじめ取っておいたバッファの中で処理できるようになるのです。

しかし、ほかの人に依頼したり、提出を待っていたりするものの中には、期限を守ってもらえなかったり、精度が低かったり、思い通りにいかないこともあります。

そうなってしまったら、その処理に追われて自分の仕事が後回しになってしまいます。

他人の能力や、ほかの予定の有無など、その人のことを全部把握し、コントロールすることはできません。どんな状況になっても被害が最小になるように、あらかじめ自分が行動するしかないのです。

そのためには、人が関わる仕事から先に取りかかる必要があります。

自分が最後まで仕上げる仕事ならば、徹夜してでもやり切ることができますが、それを他人に強要することはもちろん、期待することもできません。

ですから、相手に十分な時間を与えるためにも、他人に仕事を任せるときは早め早めに渡すようにしましょう。

「大きなタスク」→「小さなタスク」の順で

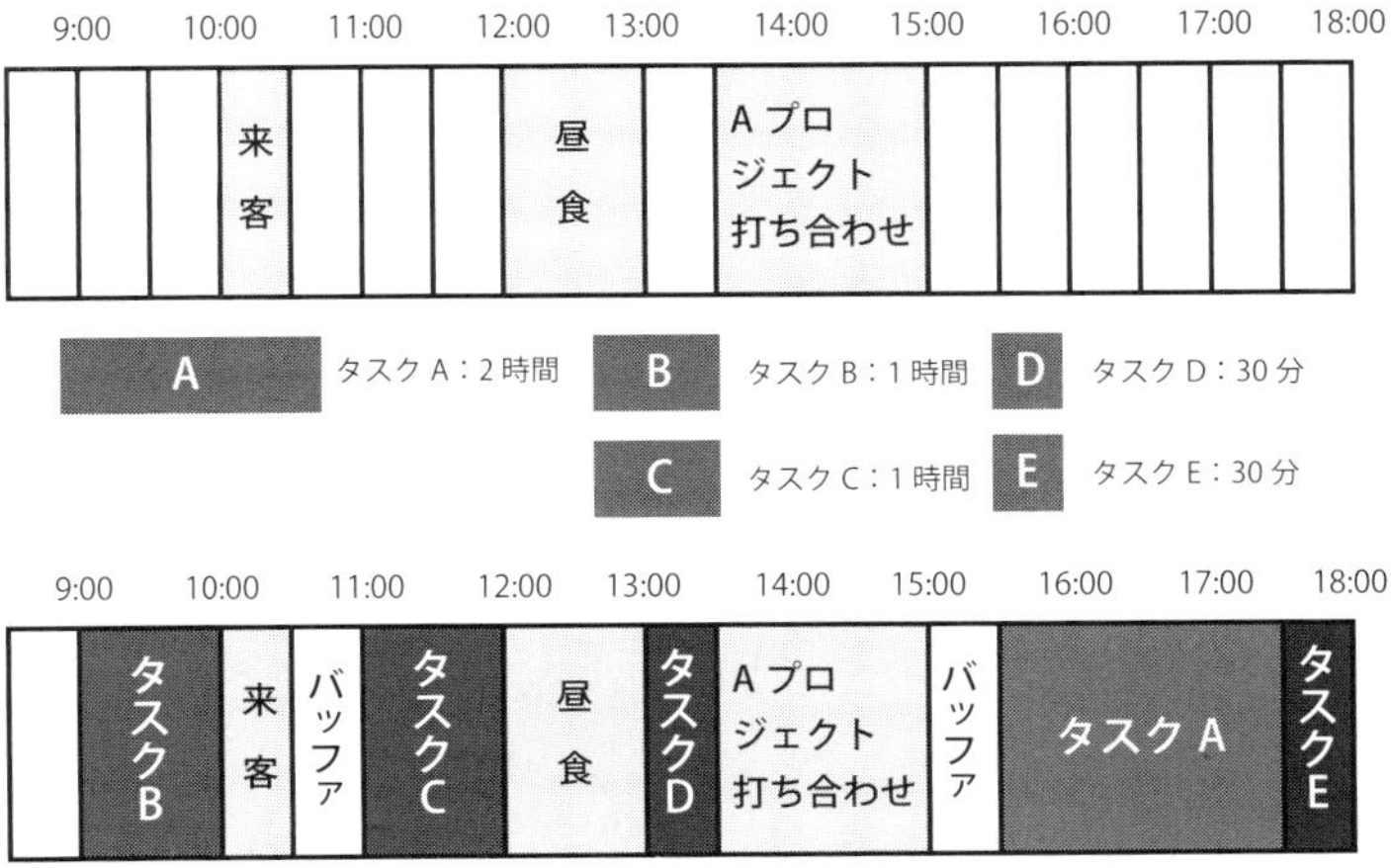

時間割作りはパズルのようなもの。
大きなタスクからはめ込んでいかないと、きれいに埋まらない！

08 時間割にバッファを入れる

あなたは小学生のころ、長期休暇に入ったときに、下図のような時間割を作ったことはありませんか？私は長期の休みに入るたびに作っていました。けれども守れたためしがありません（汗）。

なぜ守れなかったのか？最近になってようやくその理由がわかりました。

１つ目は、時間割を作り上げた時点で、できた気になってしまったから。時間割を作っただけで満足して、行動しなかった、しようとしなかったのです。

大人の時間割も同じです。作って満足するのではなく、それに従って**行動することを目的**にしましょう。

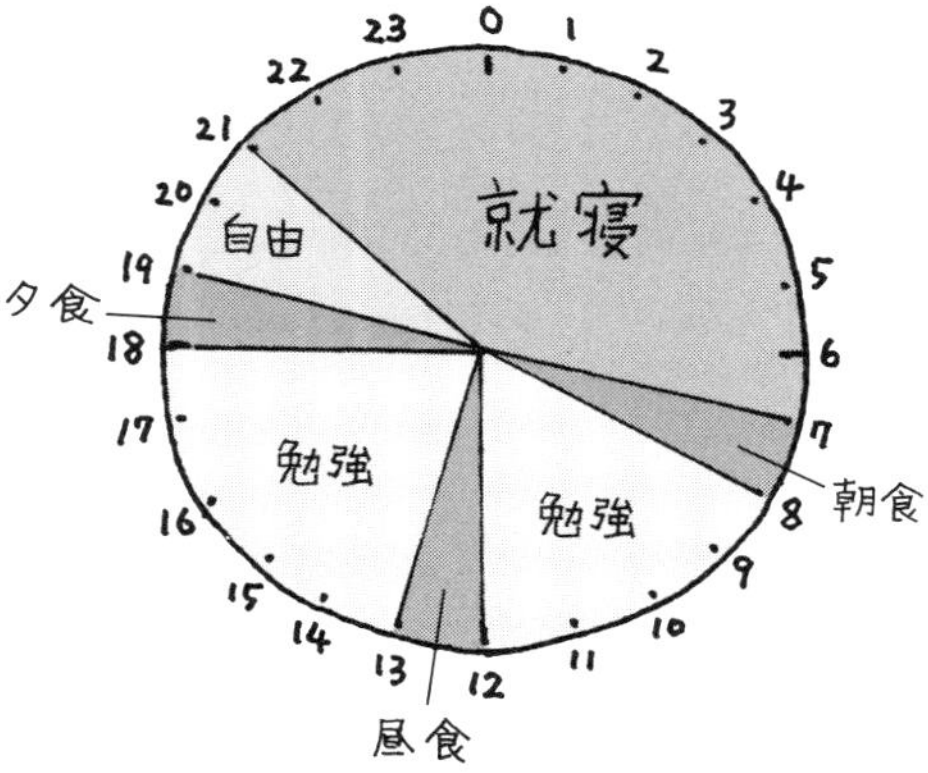

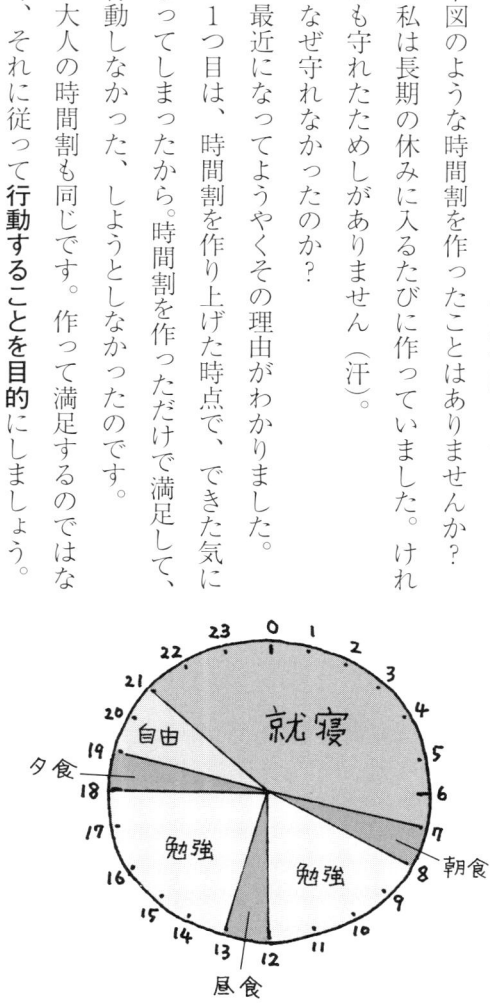

もうひとつの理由は、やってみたけど全然守れなかったからです。

もう一度先ほどの時間割を見てみてください。24時間びっしりと予定が詰まっていて、まったく**「あそび」**がありません。ここでいう「あそび」とは「遊ぶための時間」という意味ではなく余裕とか予備という意味の時間。「バッファ」と呼ばれる時間です。

人間はロボットではありませんから、1時間で終わるだろうと思っていても、実際にやってみたら1・5時間や2時間かかることもあります。

また、家族との予定もあるので、勉強する予定だったのに、急遽外出することになるかもしれません。食事や入浴の時間がズレることもあるでしょう。

このような予定外のことが発生したとき、「あそび」の時間がないとズレを吸収することができません。

ですから、時間割には必ず**あそびの時間（バッファ）を入れる**ようにしましょう。

バッファはまとめて取る

人には時間があればあるだけ使おうとしてしまうという性質があります（パーキンソンの法則）。タスクの見積もり時間を1・5倍や2倍にすると、その分、結局そのタスクにすべての時間を費やし、密度の薄い仕事をしてしまうことになりかねません。

また、人には夏休みの宿題と同じように、期限ギリギリになるまで緩んでしまう習性や、早く終わったのにギリギリまで報告しないというズルい面もあります。

これでは仕事が効率化・高速化できたとは言えません。

そこで、1つひとつのタスクにバッファを置くのではなく、昼休み前や定時の前などに、まとめて置いてみましょう（※）。

そうすれば、割り込みの仕事が入ってもバッファの時間を減らすことで対応でき、1日の予定が大きく狂うこともありません。

ただ、バッファをすべて使い切ることはないでしょう。もし使い切ったなら、時間の見積もりができているとは言えません。ですから、バッファは圧縮前提です。

どのくらい圧縮するのかは、その人の状況によりますが、頻繁に割り込み仕事が発生する人や、慣れない仕事が多くて時間の見積もりが正確にできず長くなってしまうことが多い人は80％くらい確保してもいいでしょう。

逆に、ほとんどの仕事は自分で決められ、割り込み作業も発生しないのなら、0～10％くらいに圧縮しても足りるかもしれません。ちなみに私は50％に圧縮しています。

※これをＣＣＰＭ（クリティカル・チェーン・プロジェクト・マネジメント）と言います。

バッファはまとめて取る

タスクごとにバッファを設定

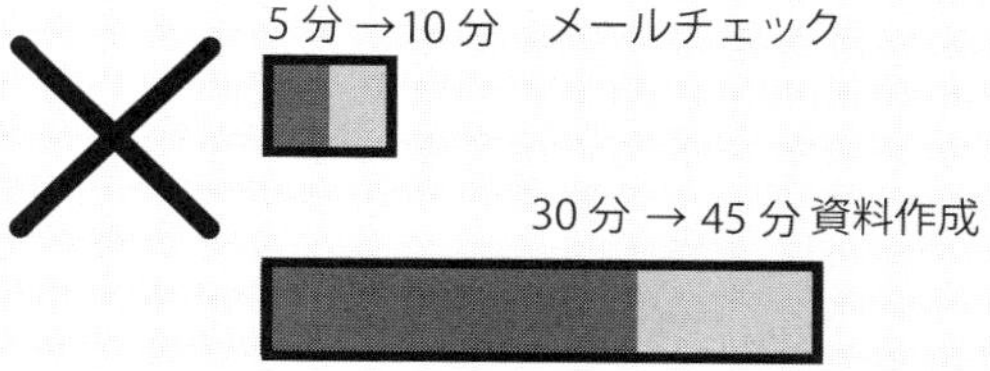

タスクの見積もり時間を1.5倍にすると、結局増やした分まで時間を使ってしまい（パーキンソンの法則）、密度の低い仕事をしてしまう。

バッファはまとめて設定

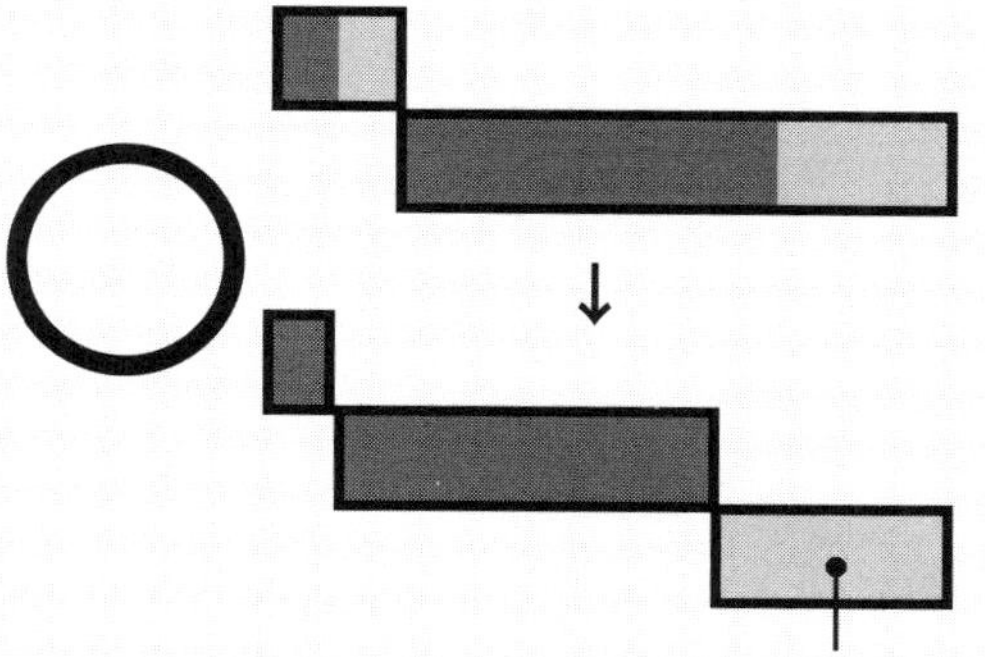

タスクの見積もり時間は正確なままで、割り込みの仕事が入ってもバッファの時間を使うことで対応できる！

09

すべての仕事に「締め切り」を設ける

たとえば、昨日参加したセミナーの報告書を作成しなければならないとしましょう。急いでやらなければならないほかの仕事がなければ、『パーキンソンの第一法則』通りに密度の薄い作業をして丸一日使って書き上げることになってしまうかもしれません。

しかし、ほかの予定が入っていて、報告書の作成にかけられる時間が1時間しかなければ、その時間で書き上げることもできてしまいます。しかも、丸一日かけて作り上げたものよりも、1時間で書いたレポートのほうがいいものができるかもしれません。

なぜそのようなことが起きるのでしょうか？

それは、いい仕事をするために必要なのは時間ではなく「集中力」だからです。

そして、集中力を高めるために必要なのが「締め切り」です。ほとんどの人は締め切りがあると守りたくなるので、何とか期限までに終わらせようと集中して取り組むようになります。だから仕事が速く進むのです。

締め切りを設ける効果はそれだけではありません。

自分で決めた締め切りまでに終わらせることができると、「やった！　できた！」と、達成感、満足感を味わうことができますので、自然とまたやりたくなるという好循環も起こります。

ですから、どんな仕事をするときでも締め切りを設ける必要があるのです。

10

日次レビューシートでの時間割作成法

ここまで、タスクを書き出したり、所要時間を決めたり、2つの期限を設定をしたりしてきました。優先順位のつけ方やバッファについても説明しました。

時間割を作るには、基本的にはここまで紹介してきた順番に行えばいいのですが、ここでは、現在私が使っている日次レビュー用のシートを例に、具体的に説明します。

もちろん、一般の手帳やノートでも応用できますから、ご安心ください。

まず、私が使っている日次レビューシートがどのようなものなのかを見てください。

「今日のスケジュール」と「課題」「今日のやること、やりたいこと」を朝一番に書き込みます。それ以外の項目は振り返りに該当する部分なので、次章以降で詳しく紹介します。

それではここから、時間割を作る具体的な手順を紹介します。

日次レビューシートでの時間割作成法

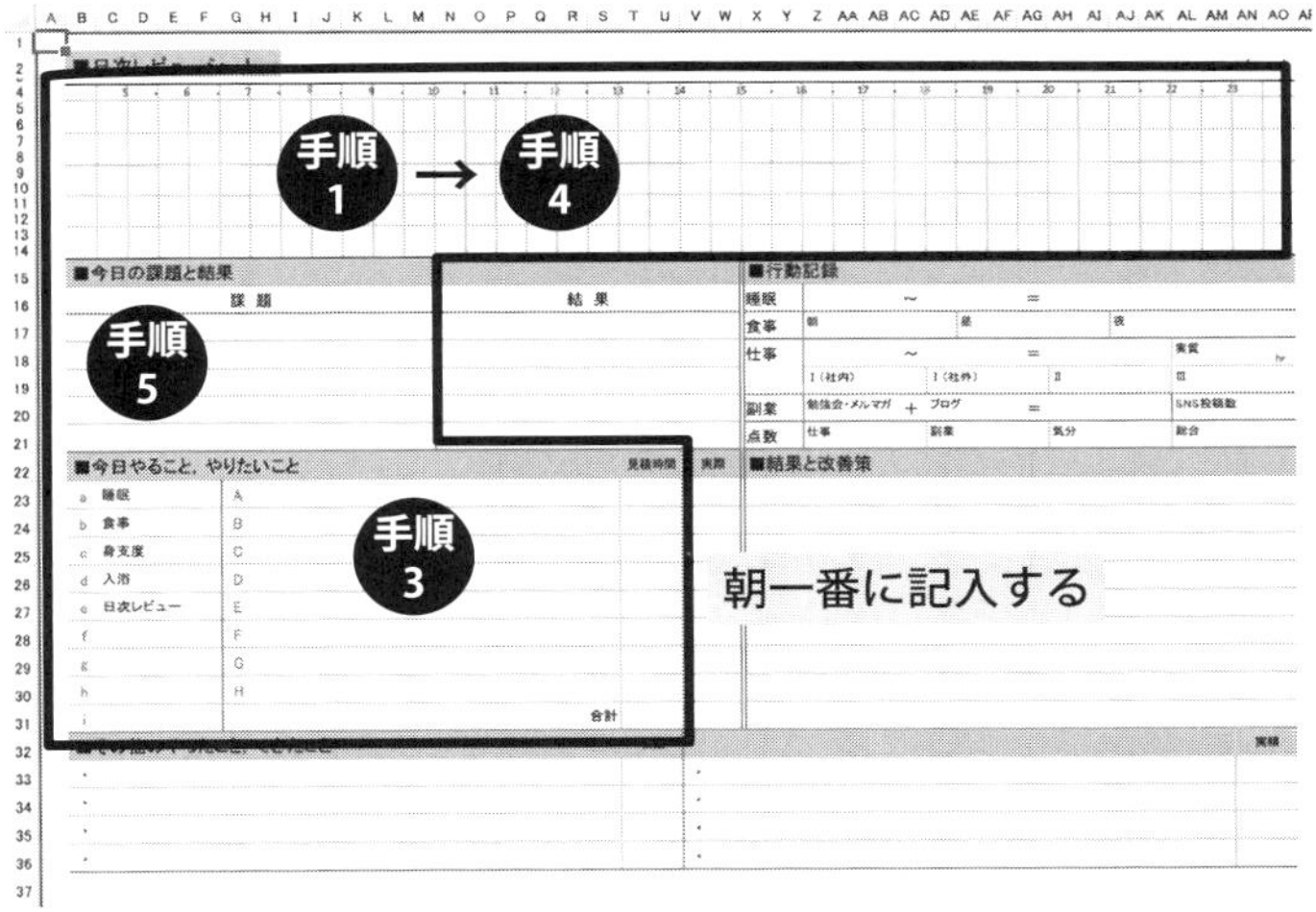

時間割の作成手順

① 会議や打ち合わせなど、動かせない予定を書く

② 今後 1 週間の予定を確認する

③ 今日やること・やりたいことを書く。所要時間も書く

④ スケジュール欄の空いている時間帯を埋める

⑤ 今日の目標や課題を書く

① 会議や打ち合わせなど、先に決まっていて動かせない予定を書く

まず最初に手帳やグーグルカレンダーを見ながら、会議や打ち合わせなど、先に決まっていて移動できない予定を書き込みます。その打ち合わせが外部で行われて移動が必要なのであれば、移動時間も記入します。

「手帳やグーグルカレンダーに書いていることをいちいち転記するなんて面倒だ！」そう感じる方もいらっしゃるでしょう。私も超面倒くさがり屋で同じことを何度もすることは避けたいのですが、わざわざ転記するのには2つの理由があります。

1つ目は、転記するために手帳やグーグルカレンダーを見るので、**予定を再確認できる**からです。

他人との約束をうっかり忘れてしまっては信頼を失ってしまいます。何度確認してもかまいませんので、今日一日の予定を再確認するつもりで転記します。

もうひとつの理由は、ただ転記するだけですから、それほど頭を使う必要がありません。最初にそのような作業をすることで、「さあ、仕事をするぞ！」と、**仕事モードに切り替える**ことができるとともに、**脳のウォーミングアップ**にもなると考えるからです。

動かせない予定を入れる【手順1】

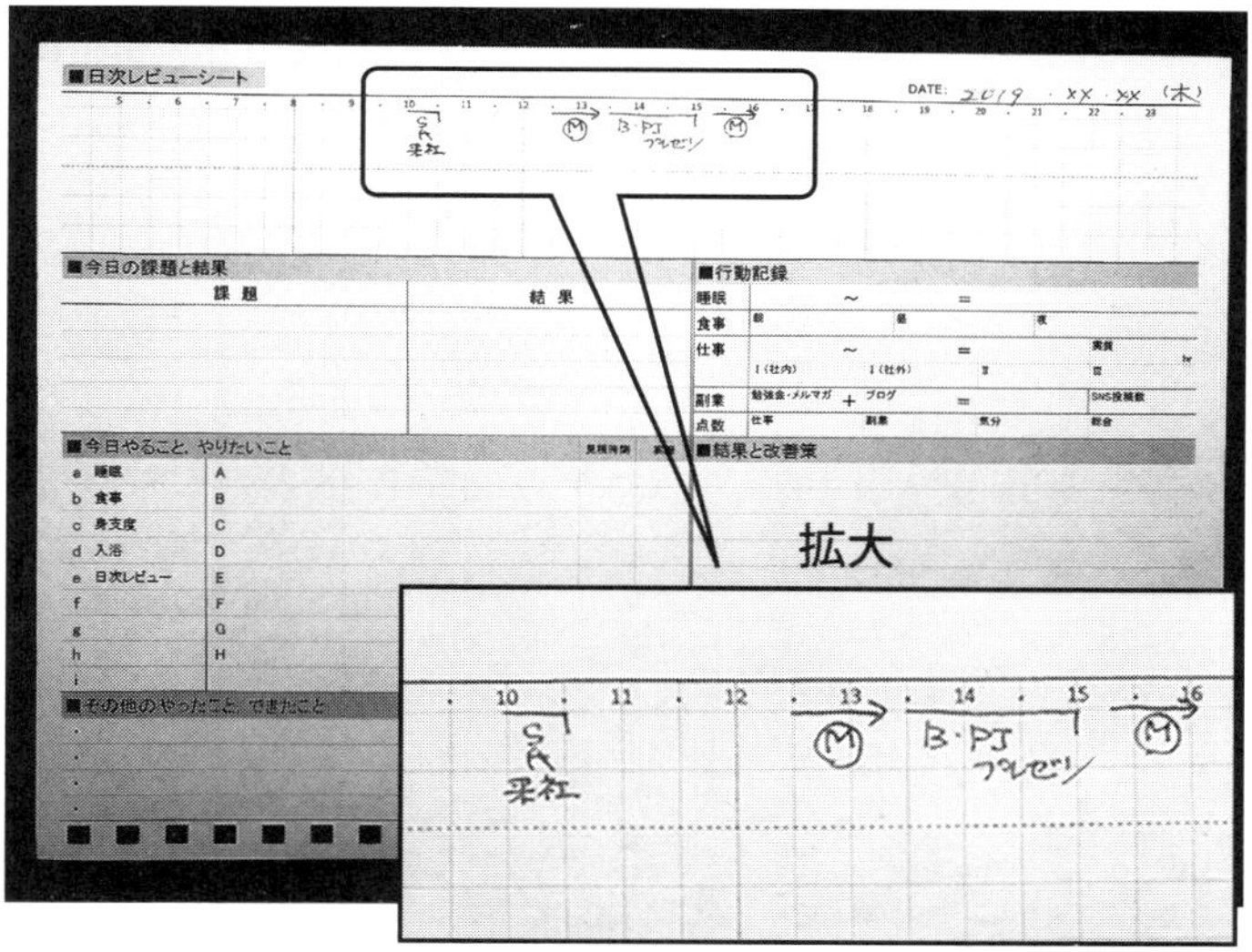

Ⓜは移動時間の略

色づけのルール

予定は下記の通り、色づけして書く

青：固定された仕事の予定

緑：固定されたプライベートの予定

黒：自分の作業予定

②今後1週間の予定を確認する

今日の固定された予定を確認して予定欄に記入したあとは、今後1週間くらい先までの予定を確認します。特に週末の木曜日、金曜日には、必ず翌週の予定を確認するようにしてください。なぜなら、翌週になってから気づいて始めたのでは間に合わないタスクがあるかもしれないからです。

月曜日午前9時からの会議用に資料を作らなければならないのに、そのことに気づいたのが月曜日の朝8時50分だった、なんてことにならないようにします。

少し先の予定まで確認して、今日のうちにやれることや、やっておいたほうがいいことは、早め早めに取りかかることができるように、少し先の予定も確認しておくのです。

③今日やること・やりたいことを書く

今後1週間の予定を確認したあとは、タスクリストの中から今日中にやらなければならない重要なことを転記します。

転記する際には、タスクごとにアルファベットを振ります。こうしておけば、予定表の時間軸に記入するとき、アルファベットだけを書けばいいので、時間とスペースが省略できるからです。この際、タスクごとに必要な時間も書いておきます。

また、タスクリストを見ながら、次に紹介する時間割を作ることもできます。しかし、タスクも目標や課題と同じで、見返さないと忘れてしまう可能性があります。ですから、1日に何度も見る日次レビューシートに書いておいたほうがいいのです。

もしタスクリストだけで管理するのであれば、作業終了後には、気づきや課題・改善策も書きますので、振り返りが書けるスペースを用意しておくことも忘れないでください。

ちなみに、私はこの作業は朝の通勤電車の中で行うことのほうが多くなりました。電車の中でカバンからスケジュール帳を出すのは面倒なので、スマホで今日の予定とタスク管理アプリに入力したタスクを見ながら今日のやることを付せんに書き出しています。

そして、職場についたらすぐにその付せんをスケジュール帳の「今日やること・やりたいこと」欄に貼り付けます。

「通勤時間を読書だけにあてるのはもったいない」

こう思ったのが始めたきっかけです。これをやることで、出社後すぐに仕事に取りかかれるようになり、仕事を処理するスピードもさらに上がったような気がしています。

通勤電車の中は貴重な自由時間の一部ですが、5分、10分くらいなら、仕事のために使ってもいいのではないでしょうか？

きっと、かけた分の時間以上の効果がありますので、あなたにも試してもらって、その効果を実感してもらいたいです。

④ スケジュール欄の空いている時間帯を埋める

①で移動時間を含めて、先に決まっていて動かせない予定は記入しました。②で今後1週間の予定も確認し、③で今日やることも書き出しましたので、次は時間割の作成に取りかかります。

あらためてスケジュール欄を見てみてください。他人とのアポが入っていない部分は空白になっているはずです。ここを③で書き出したタスクで埋めていきます。そのときには予備の時間（バッファ）を入れておくことも忘れないでください。

⑤ 今日の目標や課題を書く

あなたも毎年、年末や年始に今年の目標を立てているかもしれませんが、もしも、あま

やりたいことリスト【手順 3】

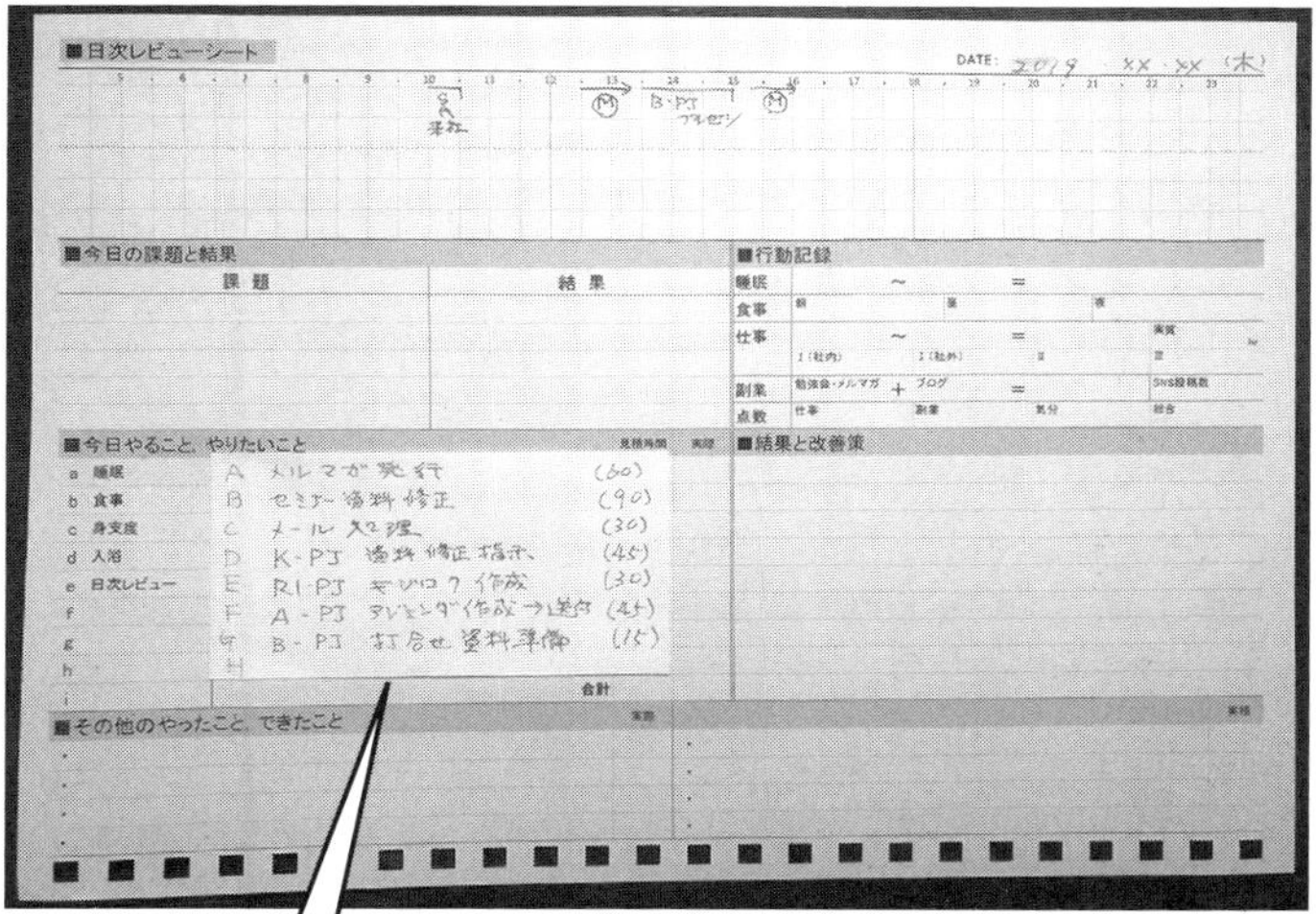

朝の通勤電車の中で付せんに書き出すことも多い。

そのときは付せんをそのままに貼り付けている。

り叶っていない、というのであれば、1つ質問です。

その目標は何度も見返しましたか?

詳しくは第6章に書きますが、夢や目標は一度書いただけでは叶いません。何度も読み返す必要があるのです。

毎日の目標や課題もこれと同じです。

ただ頭の中で「今日はこんな日にしたいなあ」と思っているだけでは実現させることは難しいでしょう。お昼ごろになったら、どんな目標を立てたのかさえ忘れてしまっているかもしれません。

そのようなことにならないように、しっかりと見える化しておく必要があるのです。

空いている時間帯を埋める【手順4】

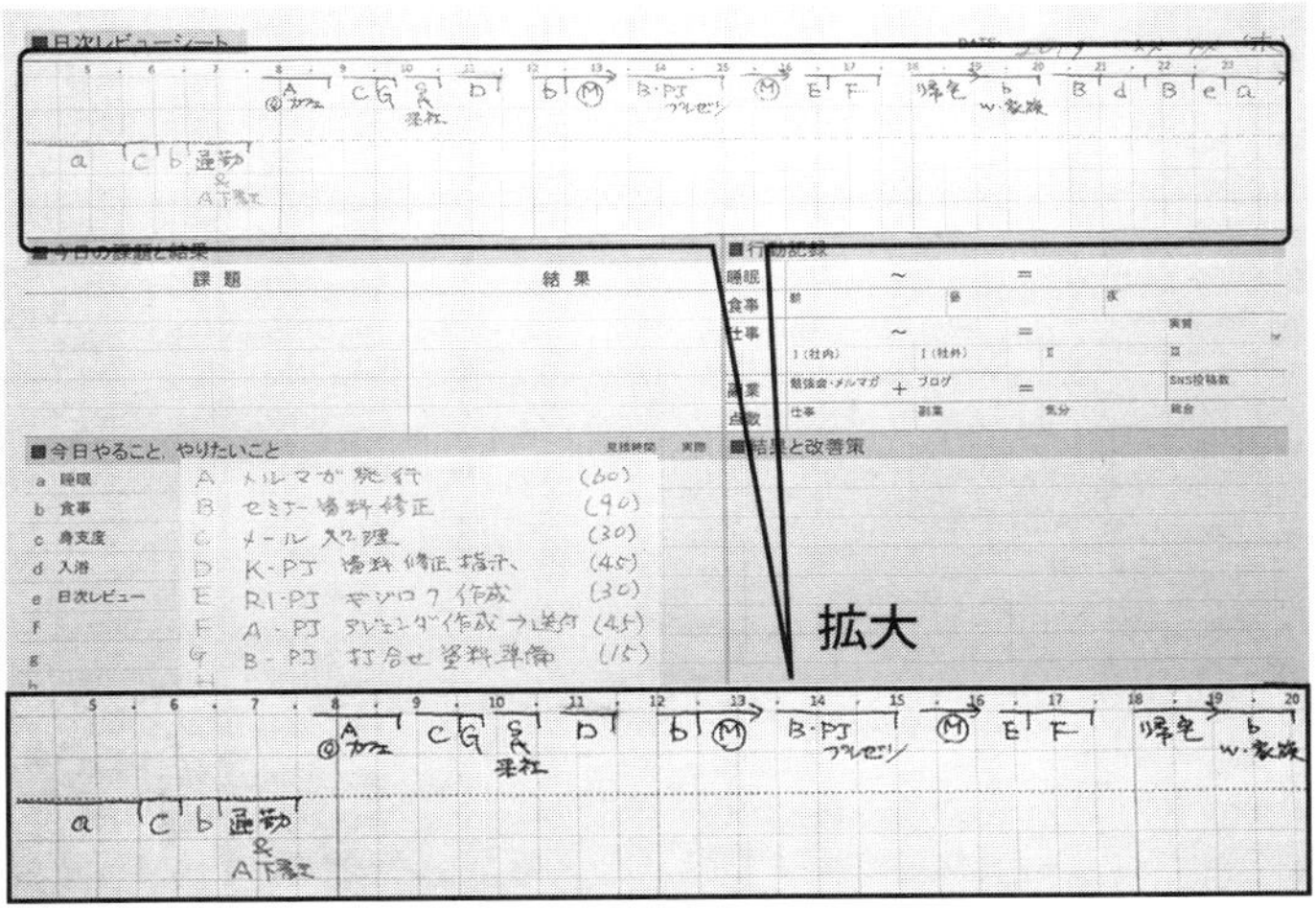

今日の目標や課題を書く【手順5】

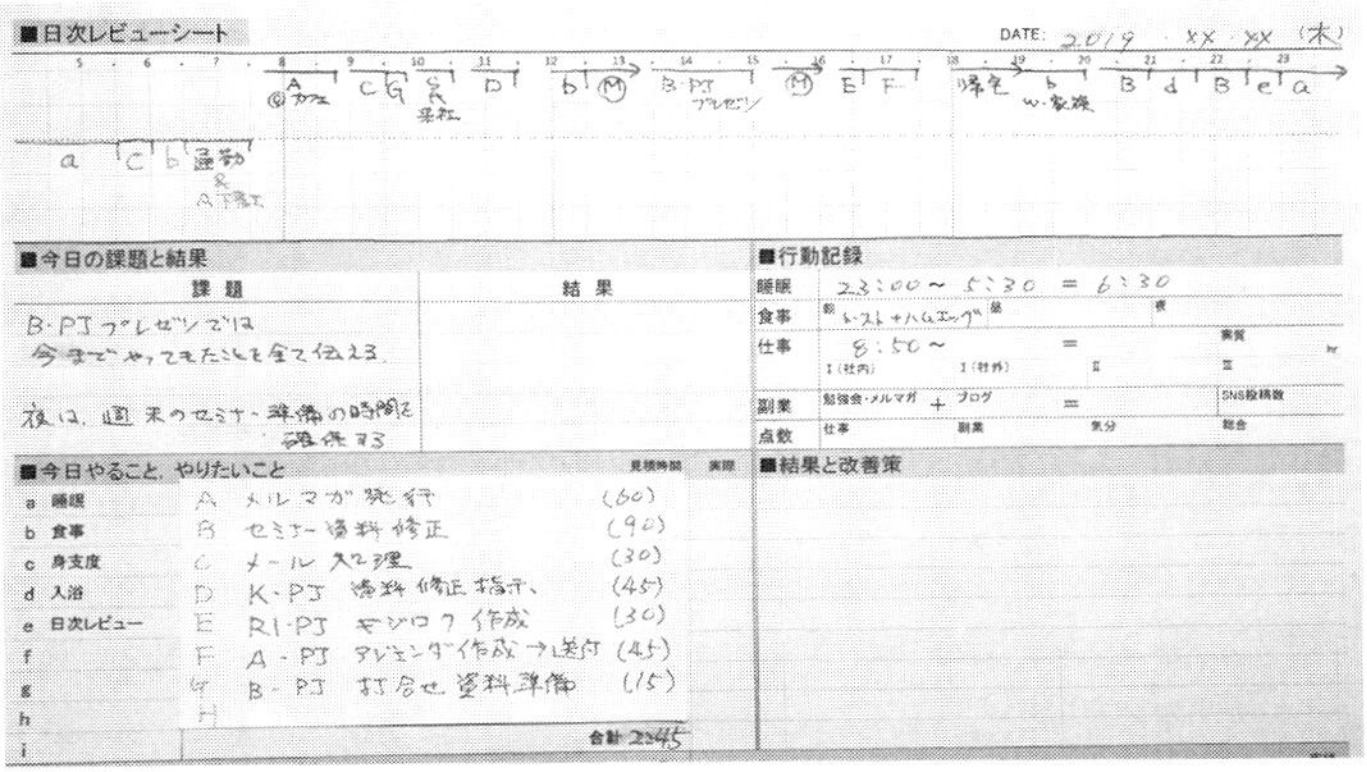

11

時間割を作る時間を決めておく

私は、出社してすぐに時間割を作ることを基本にしています。

ただ、外出してそのまま直帰した日の翌日は、まず最初に未読のメールを処理しながら、自分が対応しなければならないタスクや、その日のうちに対応しなければならないタスクがあれば、手書きでリストに追加したあとで時間割を作ります。

時間割を作ったあとでメールを読んだら、今日中に対応しなければならないタスクがあったとき、予定を組み直さなければなりません。これでは二度手間になってしまいます。

また、メールを読まずに朝作った時間割通りに行動して、緊急で重要な依頼に気づかなかった場合、そのタスクを処理する時間が確保できません。そのようなことにならないように、未読メールを処理したあとで時間割を作るようにしているのです。

ここでは私が時間割を作るタイミングを紹介しましたが、業種や業態によっても変わりますので、いろいろ試しながら自分に合ったタイミングを見つけてください。

いつ時間割を作るのか？

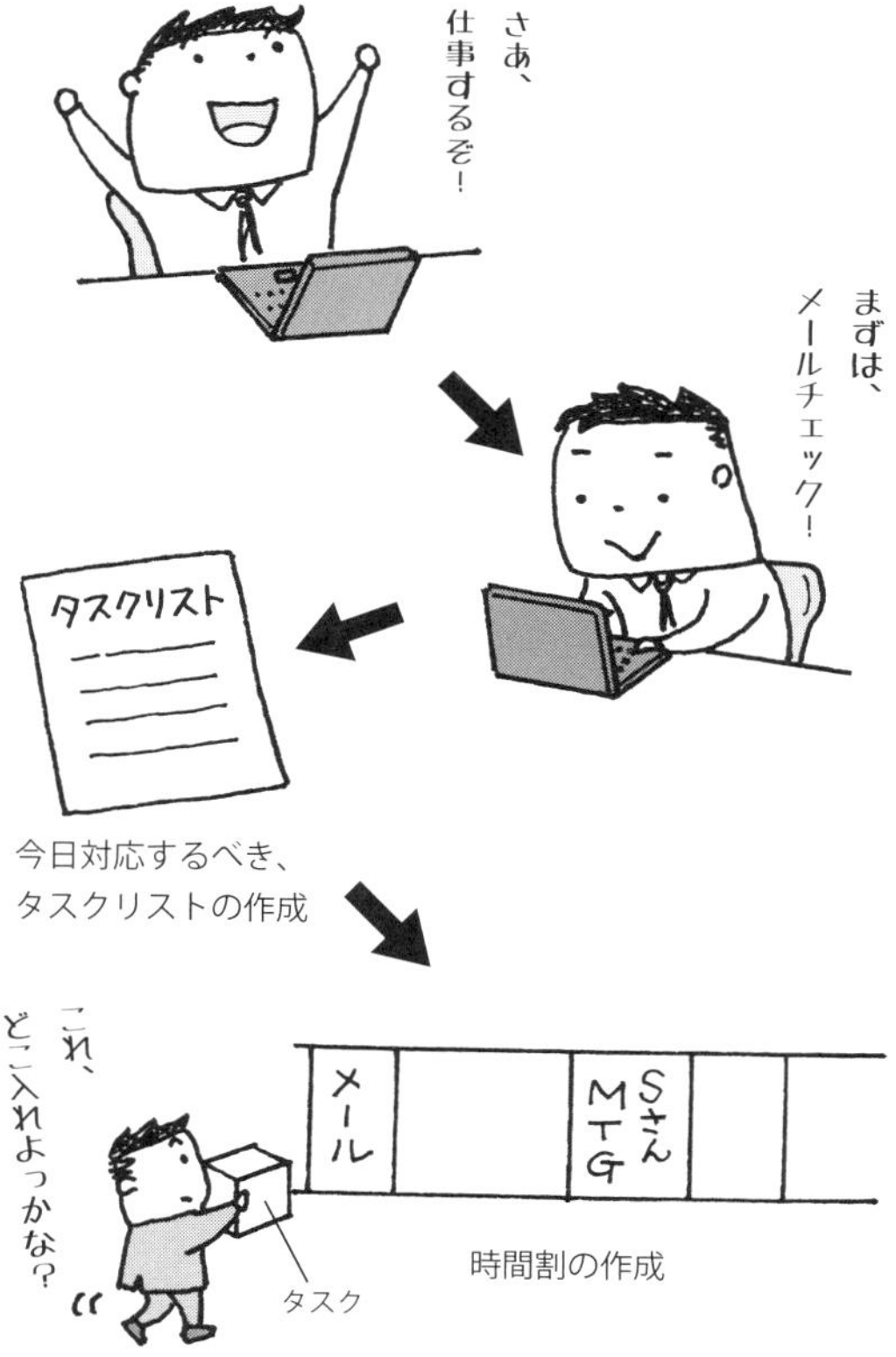
さあ、仕事するぞ！
まずは、メールチェック！
タスクリスト
今日対応するべき、タスクリストの作成
これ、どこ入れよっかな？
メール
Sさん MTG
タスク
時間割の作成

12

毎朝5分で時間割をチェック・完成させる

何のために時間をかけて時間割を作るのかと言うと、時間割を作りながら、その日1日をイメージすることで、仕事をスムーズに進められるようになるからです。

「ものは二度作られる。一度目は人の頭の中で、二度目は実際の物として」と言われます。家を建てるときには設計図を作ってから実際に家を建て始めます。

1日もこれと同じです。

まずは頭の中で1日の仕事の流れを想像します。それから行動するため、途中でつまずくことが少なくなり、安定して前に進むことができるようになります。あたかも一度やったことがあるかのようにスタートできるので、本番の作業がうまくできるのです。

「今日はメールを処理したら○○の報告書を作成して、XXさんに電話をかけて。午後は△△の打ち合わせだから、資料をそろえて……」

このように、朝5分の時間で1日の仕事の流れをつかむことを習慣にしてください。流れを決めて従うだけで仕事が効率よく回るようになります。

ですから、時間割を作ったら、頭の中で今日一日をシミュレーションしてみましょう。

第4章

行動を見える化する

01

なぜ、行動を見える化するのか？

「見える化する」とは「書き出すこと」と本書の最初にも書きました。

ですから、「行動を見える化する」とは、自分の行動を記録すること、何時から何時まで何をやったのかを書き留めておくということです。

なぜ、書き留めておく必要があるのか？

何かを変えよう、変えたい、改善したい、と思ったときに最初にやることは、現状を知ることだからです。

ダイエットをしようと思ったとき、最初にやらなければならないのは、体重計に乗って現在の体重を知ること。毎日、何を食べているのか、どれくらい運動しているのかなどの現状を知ることです。

お金を節約したいと思ったら、いつ・どこからいくら入ってきているのか、何にいくら使ったのかを知る必要があります。そのためには家計簿をつけたほうがいいでしょう。

時間も同じです。

「今よりもっと上手に使えるようになりたい」

「仕事に限らず、いろいろなことを効率よくできるようになりたい」

そう思うのならば、体重やお金と同じように、現状を知る必要があります。そのためにはやはり、すべてを記録しておく必要があるのです。いうなれば**時間の家計簿**をつけるということです。

「そんなことは書かなくてもだいたい覚えている！」

そう思われる人もいらっしゃるでしょう。

しかし、この〝だいたい〟が曲者です。人は記録していないと、自分の都合のいいように解釈したり、覚えていたりするものです。そのような〝あいまい〟な行動記憶に頼っていては、しっかりと改善することはできません。

ですから、自分のことをよく知るためにも自分の行動を記録して見える化するようにしてください。

この章では記録する方法とそれを読み返して今後に活かす方法を紹介します。

02

すべての行動を記録する

私がいろいろなことを記録し始めたきっかけは、大学生になってひとり暮らしを始めた三十数年前にさかのぼります。

当時の私は、親からの仕送りと奨学金をもらって生活していました。

しかし、なぜかお金が貯まりません。

「今月も○○万円入ってきたけど、今、手元には△△万円しか残っていない。ということはXX円使ったということになるけど、いったい何に使ったのだろう?」

思い出そうとしてもすべてを思い出せるはずもなく、毎月のように数万円の使途不明金が発生していました。

そんなことを何度も繰り返すうちに、思い出せないことがストレスになってきたのでしょう。

「覚えておこうとしても無理なんだったら、全部書いておこう」

こんな感じで家計簿（小遣い帳レベルですが）をつけ始めたのが、いろいろなことを記録し始めるきっかけだったと記憶しています。

それ以来、毎日、大学ノートに何にいくら使ったのかを記録して、入ってきたお金と出ていったお金、手元に残っているお金の収支が合うように1円単位まで記録していて、それは現在でも続けています。

時間についても、２０１１年8月以降、何時から何時まで何をしていたのか、24時間３６５日記録していますが、時間の記録を始めたきっかけもお金とまったく同じでした。

「何時から何時まで何をしていたのだろう？」

思い出そうとしても思い出せない。それがストレスになったので、記録することにしたのです。

それ以外では、体重・体脂肪率も7年くらい毎朝晩量って、エクセルで記録・グラフ化しています。毎朝昼晩の食事もすべて記録しています。

また、今はもうやめてしまいましたが、読書の記録を取っていたときには、書名だけでなく、何という本を何ページから何ページまで読んだのか、その日に何ページ読んだのかをエクセルに記録していました。

このようにさまざまなことを記録し続けている私ですが、この本では「時間」一つに絞って、時間の使い方を記録することについて書いていきます。

なぜ記録するのか?

記録を始めたきっかけは「思い出せないことがストレスになってきたから」でしたから、継続して記録し続ける理由も「思い出せないストレスから解放される」というのもあります。

しかし、それではマイナスをゼロに戻しただけですが、続ける理由はもっと大きなメリットがあるからです。

「記録」にはこれから紹介するようなさまざまなメリットがあります。それを活かすことで、もっと大きなメリットを手に入れることができます。

では、どんなメリットがあるのか、ここから紹介していきましょう。

行動を記録するメリット

家計簿

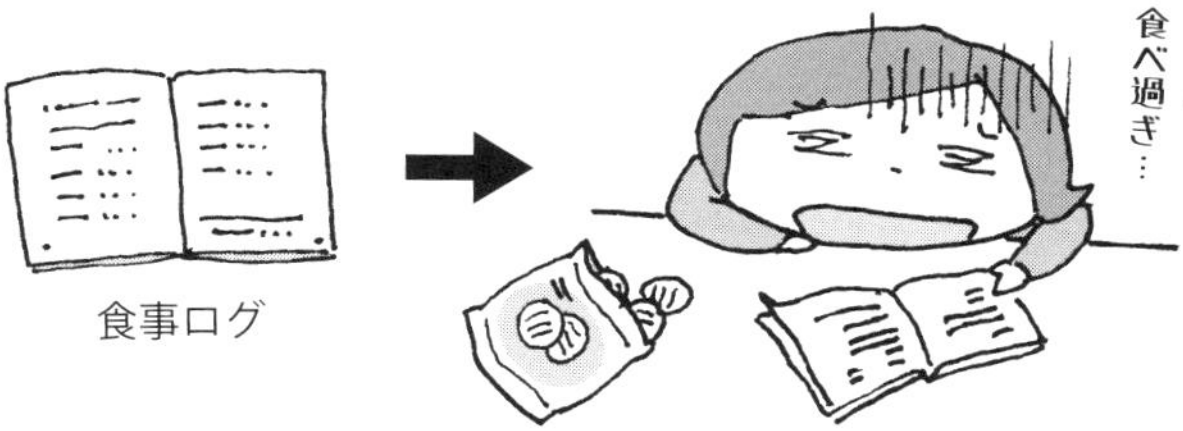

食事ログ

記録するメリット

- 思い出せないストレスがなくなる
- ムダな行動がなくなる
- 正確に覚えていられる

時間も家計簿などと同様、記録に価値がある！

03 記録するからムダに気づく

思い出せないストレスがなくなる

最初に紹介するメリットは、先ほどお話しした通り、「思い出せないストレスがなくなる」ですが、思い出せないことはストレスになるだけではありません。

探し物をする時間と同じように、思い出そうとするために使った時間はムダな時間です。記録しておけば、この時間がなくなりますので、時間を有効に使えるということにもなります。

ムダな行動がなくなる

ベストセラーとなった『いつまでもデブと思うなよ』（岡田斗司夫著、新潮新書）では自分が食べた物をすべて記録する、というレコーディングダイエットが紹介され、その効果も実証されていました。

また、家計簿をつけるとムダな出費が減って節約できるという話も聞きます。「すべて記録する」と決め、自分の行動を書き出して見える化すると、「これはムダだな」と改めて実感します。「記録する」と決め、実際に記録を始めると、ムダな行動を自制するようになるのです。

家計簿に「パチンコ、マイナス3万円」とか、「コンビニでお菓子2千円」とか、書きたくないですよね。同じように、時間も「ネットサーフィン、2時間」とか、「ゲーム、1時間」とか、記録したくないと思うでしょう。

記録したくないから自分で好ましくないと感じている行動が自然と減っていくのです。

たしかに、記録するのは時間もかかるし面倒です。

しかし、このような成果につながらない**ムダな行動を抑止する効果がある**ことがわかっているから、私は今でも自分の行動をすべて記録し続けているのです。

正確に覚えていられる

記録していないと、人は自分の都合のいいように解釈したり、覚えていたりするものです。

たとえば、勉強など自分が好ましいと思っている行動に対しては実際より長い時間やっているように感じてしまいます。逆に、「どれくらいテレビを観ているか？」「何時間ネットサーフィンをしていたのか？」など、自分でも好ましくないと思っている行動に対しては実際より短く答えてしまうものです。

体重を減らしたいと思っている人が、体重を量らずに「やせた気がする」と言っても、本当に体重が減ったのかどうかはわかりません。減ったかどうかを確認するためには体重計に乗らなければならないのと同様に、時間も正しく把握するためには、しっかりと記録する必要があるのです。

作業に必要な時間がわかる

自分の行動を記録していくと、定例会議の議事録作成や交通費・経費精算など、何度も繰り返す作業については、どのくらいの時間でできるのかがわかるようになってきます。かかる時間がわかれば、次に同じ作業が発生したときにも必要な時間が予測できるようになります。

計画が立てやすくなる

時間の予測ができるようになれば、計画も立てやすくなります。

たとえば、新宿から羽田空港まで行くのに電車だったら、新宿から浜松町まで山手線で30分。浜松町から羽田空港まではモノレールで25分。電車が遅れることはめったにないから、乗り換え時間含めて60分ぐらいで行けるだろう、と簡単に予測できます。

けれども、これをリムジンバスで行くことにしたらどうでしょうか？

リムジンバスの時刻表には「所要時間25分」と書かれています。

では、30分見込んでおけば大丈夫だな、と思うでしょうか？

私が心配性なのかもしれませんが、道路は渋滞することもあるし、渋滞にはまったら何分かかるかわからないから、2倍の時間がかかるものとして60分を見込んでおこう、と考えてしまいます。

どちらのほうが計画を立てやすいかは考えるまでもありませんよね。

時間に正確な電車のほうです。これは毎日の自分の行動にも当てはめられます。所要時間がわかれば計画が立てやすくなるとは、こういうことなのです。

04

行動記録でゴールデンタイムを見つける

仕事を高速で処理するのに、**時間の質**は欠かせません。1日24時間は誰にとっても同じですが、時間には質の高い時間とそうではない時間が存在します。

夕方になって、疲労がたまり集中力も下がっているときに、高いパフォーマンスで仕事ができるでしょうか？

出社して仕事の準備を調えて、「さあ、やろう！」と始めたときの仕事とは違うはずです。

本書では、高いパフォーマンスを発揮できる時間帯を**「ゴールデンタイム」**と呼んでいますが、このゴールデンタイムに「重要な仕事」や「集中力が必要な仕事」を集中して処理することが重要です。

そうすれば、処理するスピードを大幅にアップできますので、自分のゴールデンタイムを見つけて、上手に活用できるようになってください。

ゴールデンタイムの見つけ方

自分のゴールデンタイムを見つけるためにも記録、つまり見える化が役に立ちます。打ち合わせや外出などのイベントが特にない、通常の平日に分析してみましょう。

「集中して取り組めているな」
「今がピーク」
「少し疲れてきたな」
「かなり疲れてきて、考える力がなくなってきた」
「頭がほとんど働かなくなってきた」

こんなふうに、通常通りに仕事を進めながらも、区切り区切りで自分が今、どのような状態にあるのかをチェックして、ノートにメモしておきます。

これを数日繰り返せば、朝一番が調子がいいのか、簡単な作業をして脳の回転数が上がった10時ごろからなのか、あるいは、夜型で夕方3時、4時ごろになってやっと調子が出てくるのかなど、自分にとってのゴールデンタイムが見えてくるはずです。

自分の行動パターンがわかる

ゴールデンタイムを見つけるために自分の行動を記録し、確認していくと、

「午前中は集中して仕事に取り組めるけれど、昼食後、○分くらい経つと眠くなる」

「○分ぐらいしか集中力は続かない」

「○○の作業は好きだから、いくらやっても効率が落ちないし眠くもならない」

「いつもなら眠くなったり疲れて効率が落ちる時間なのに集中力が途切れなかった」

このような時間帯による作業効率の違いではない違いに気づくこともあります。

たまたまその日だけ調子が落ちなかったのかもしれませんが、もしかするとその差は、そのときにやっていた作業によって、生まれたものかもしれません。そのような効率が落ちない作業が見つかったら、次は効率が落ちることが多い時間帯にその作業を入れてみてください。

その作業を別の日にやっても、やはり効率が落ちないのなら、それはあなたにとって、いつでも効率よくできる作業である可能性が高いのです。そのような作業は時間を有効に活用するのに役に立ちますので、ぜひ見つけてください。

記録すればゴールデンタイムがわかる

＜あくまで一例です＞

作業系タスク

○ 13：00〜14：00
身体を動かすので眠くならずにできる！

× 16：00〜18：00
疲れているため、はるかに効率が悪い！

思考系タスク

○ 10：00〜12：00
この時間帯は頭が冴えている！

× 13：00〜14：00
昼食後で眠くなる！

仕事をしながら、どんな状態か記録していけば、自分のゴールデンタイムがわかる！

05 自分を活かすスケジュールの組み方

自分にとってのゴールデンタイムや自分の行動パターンがわかれば、それを活かした予定を立てることができるようになります。

どのように計画を立てればいいのか、私の例で具体的に紹介します。

私のゴールデンタイムは午前中です。仕事を開始するとすぐに集中できるし、午前中いっぱいはその状態が続きます。

しかし、昼食後の14時くらいになると、眠くなってくることもあります。さらに16時を過ぎたころからは、頭も疲れて集中力がなくなってきます。

また、いつやっても集中力が途切れず、何時間でも継続できるのは、エクセルでの表計算やグラフの作成、ＣＡＤで図面を描くことです。

そんな私が時間割を作るとき、まず朝のゴールデンタイムには、お客様から依頼されている資料や、後輩・外注先に指示を出すための資料作りなど、ある程度まとまった時間が必要で、かつ集中力も要求される作業を優先して入れます。

それだけでは午前中が埋まり切らない場合は、次に重要で集中して取り組む必要がある作業を入れます。

それに対して、睡魔が襲ってくることもある昼食後や、頭が疲れて働かなくなり始める夕方には、いつやっても集中力が途切れず、何時間でも継続できるエクセルを使った作業やＣＡＤでの作図を入れます。

そうすれば、一日中パフォーマンスが下がることがなく、集中して取り組めるからです。

このように、一日中、効率よく仕事をするためには自分のゴールデンタイムやパターンを知る必要があるのです。

06 ノートを使った行動記録法

ここでは現在、私が行っているノートの書き方を例に、行動の記録方法を紹介します。

現在、私はA5の方眼ノートに5本の縦線を引いたものを自作して使っています。

最初は市販のノートに手描きで線を引いていたのですが、何度も繰り返すのが面倒になったので、エクセルでフォーマットを作り、それをノートに印刷して使っています。

まず、作業を始める前にノートの左の欄に開始時刻を、その右側にはこれから始める作業名を、その横には何分で終わらせるつもりなのか、所要時間を書きます（①～③）。

これを書くことは「この作業は○○分で終わらせる！」と自分で自分に宣言することになり、時間内に終わらせることが目標にもなりますので、仕事を高速で処理することができるのです。

そして、その作業が終了したら、終了時刻を①欄に記入するとともに何分かかったのかを③の隣の欄に書きます（④）。

ノートを使った行動記録法

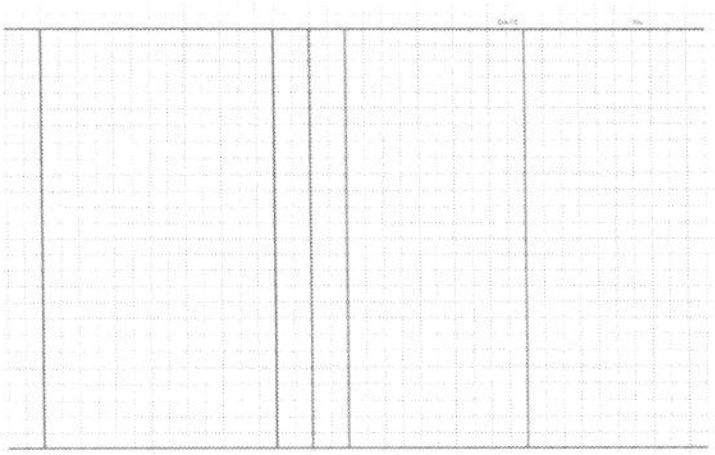

A5の方眼ノートに
左記のように縦線5本
引いたものを自作して使用

エクセルでフォーマットを
作りノートに印刷して使用

記入例

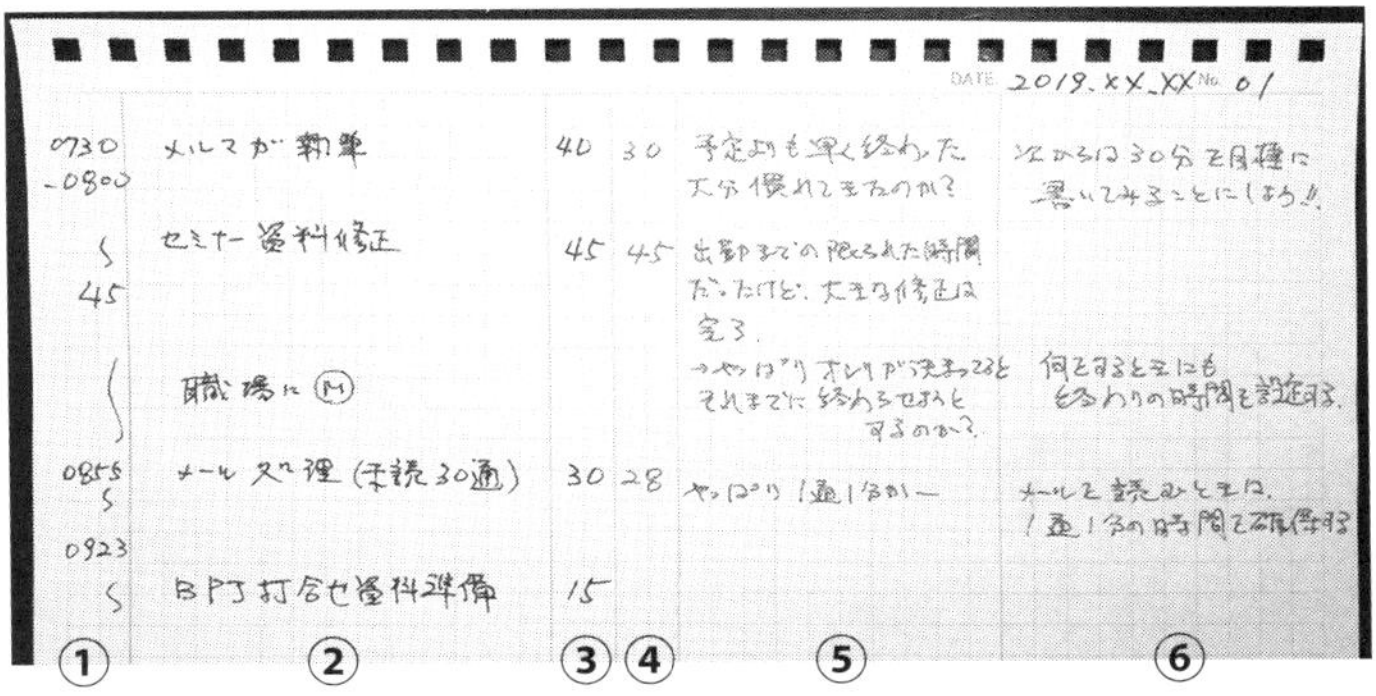

書き方のルール

1. ①に開始時刻、②にこれからやる作業内容、③に想定時間を書く
2. 作業中に考えたこと、気づいたことがあれば⑤に書いておく
3. 作業が終わったら、①に終了時刻、④にかけた時間を書く
4. 作業を終えたあとで気づいたことや感じたことを⑤に書く
5. うまくいったことは、どうすればもっとうまくいくか、
うまくいかなかったことは、どうすればうまくいくかを考え、
次回に活かすための行動を⑥に書く

それから、

・今やった作業が予定通りにできたのか、できなかったのか
・できなかったとしたら、なぜできなかったのか
・割り込み作業が入ってしまったのか
・想定できなかった作業が発生したのか
・発生したのなら、それはどんなことだったのかなど

このような作業中に気づいたことや反省したいことを⑤の欄に書きます。

さらに、⑤の気づきから得られた課題や解決策、うまくいったことや今後も続けたいことなどを⑥の欄にすぐに記録しておきます。

⑤、⑥の作業は、タスクが終わるたびに書きます。「あとで書こう」と思っていると、いざ書こうとしたときには、作業中に気づいたことを思い出せないかもしれませんし、そもそも書くこと自体を忘れてしまうかもしれないからです。

特に、人は嫌な体験はすぐに忘れようとする習性を持っていますので、あとで書こうと思って先延ばしすると必ず忘れます。

本書の最初にも書きましたが、ここでもやはり〝すぐ書く〟ことが重要です。

すぐに書けるように、時間割と同じように行動記録用のノートも常に開いたまま机の上に置いておきます。

このノートは誰かに見せるわけではないので、何を書いてもOK。感じたことをそのまま書きましょう。私は「○○さんのXXという言い方にムカついた！」などと書いていることもあります。

ここに書いたことは、夜の振り返りのときに重要な情報になりますので、こまめに記録するようにしてください。

ノートもデスクに開いたまま置いておく

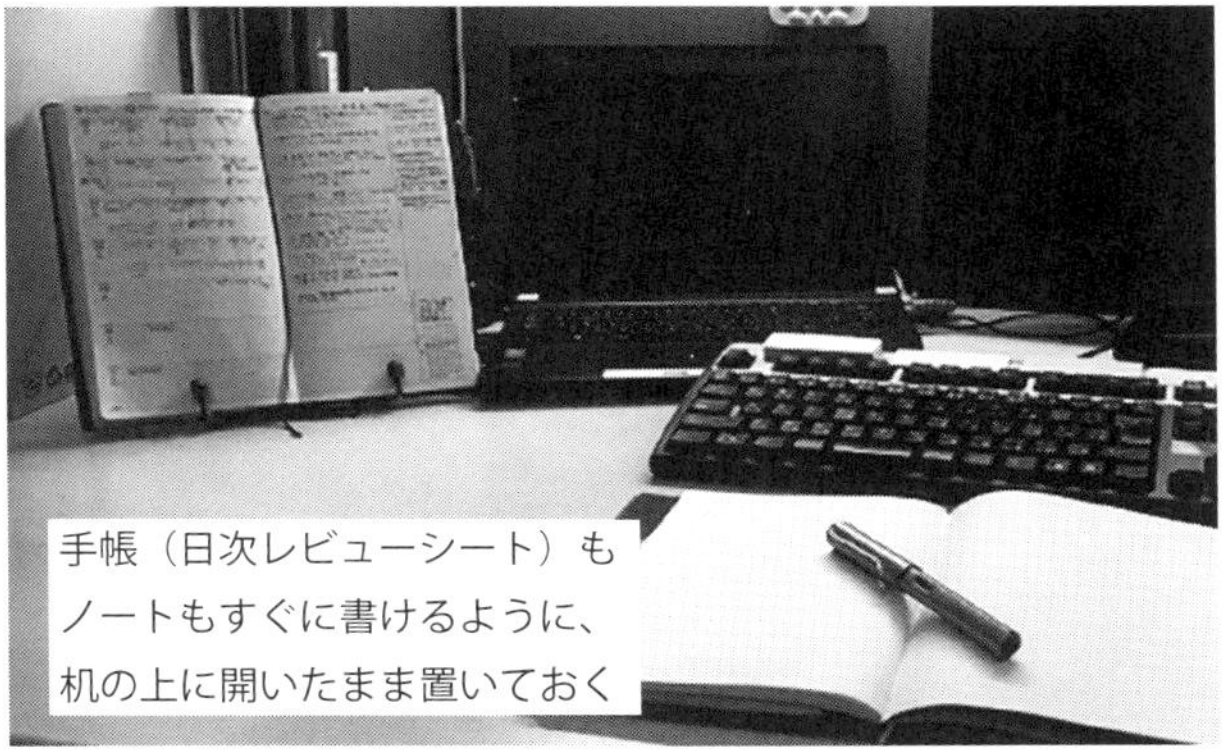

手帳（日次レビューシート）も
ノートもすぐに書けるように、
机の上に開いたまま置いておく

07 予定と実績を並べて比較する

ノートにログと気づきを記入したあとは、スケジュール欄の下の段に実績として線を引きます。

もし、タスクリストに書いていない（記号を振っていない）作業をしたときには、「そのほかのやったこと・できたこと」欄に記号を振った上で記入し、予定と同様にその記号のみをスケジュール欄の下の段に記入します。

このとき、私は、仕事に関しては、成果につながる作業は赤で、経費や交通費精算など成果につながらないただの作業は、青で線を引くようにしています。

また、朝・夕や昼休み、土日などのプライベートの行動についても同様に、成果につながる作業はオレンジで、成果につながらない作業は、緑で線を引いています。

こうしておけば、予定通りにできたのか、成果につながる作業をしたのか、ただの作業だったのかが、そのバランスも含めてぱっと見ただけでわかるからです。

予定と実績を並べて比較する

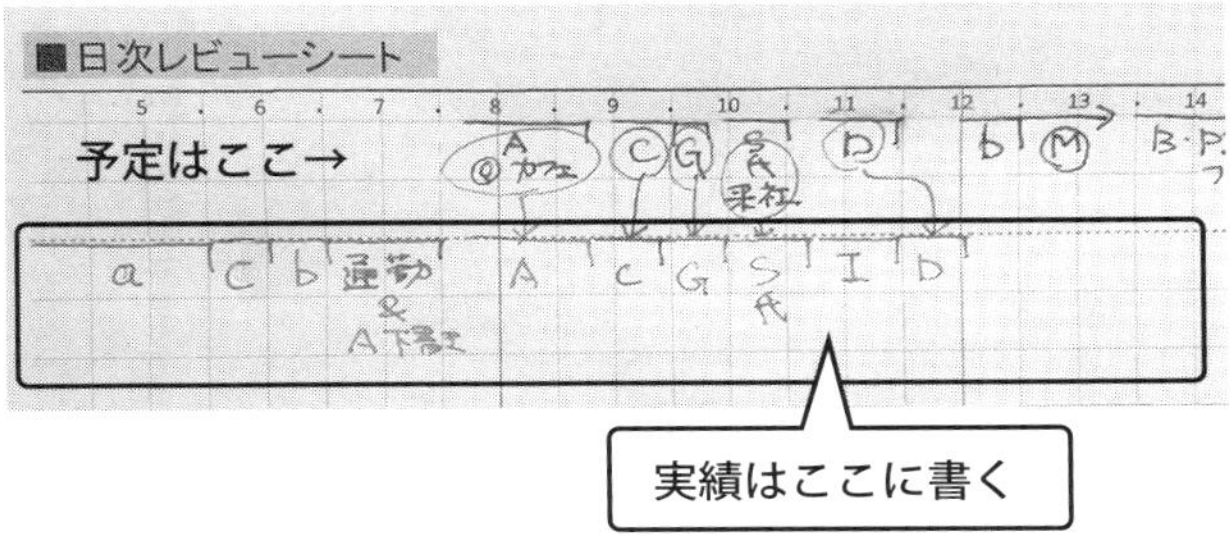
■日次レビューシート
予定はここ→
実績はここに書く

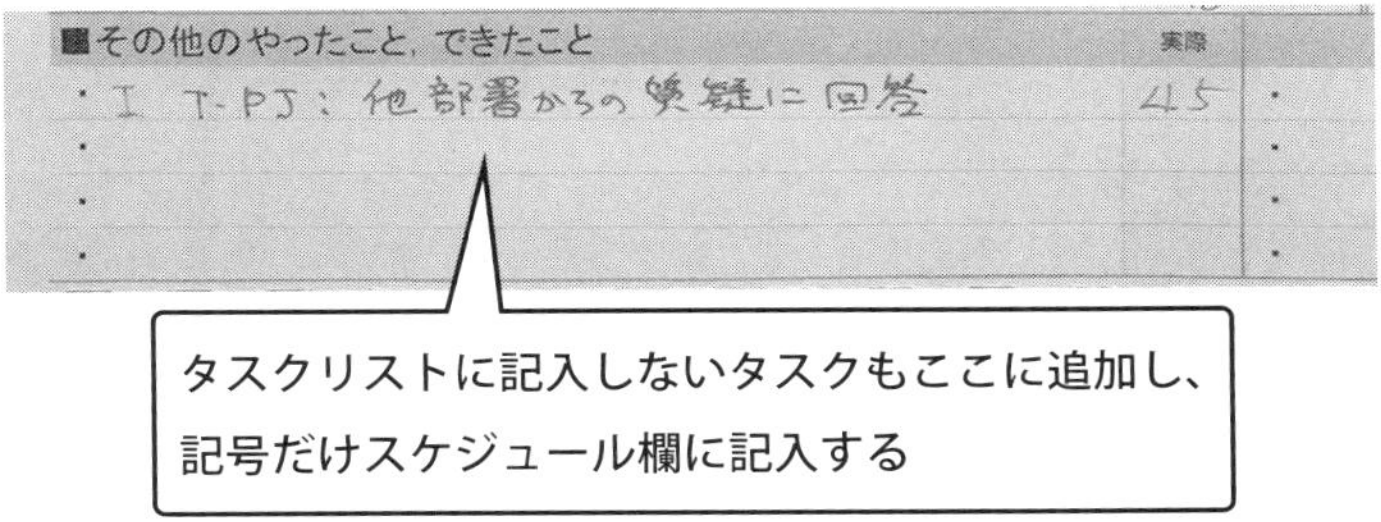
■その他のやったこと，できたこと
実際
タスクリストに記入しないタスクもここに追加し、
記号だけスケジュール欄に記入する

色づけのルール

結果は下記の通り、色づけして書く

赤：成果につながる仕事

青：成果につながらない仕事

オレンジ：成果につながるプライベートの作業

緑：成果につながらないプライベートの作業

08

読み返して「見える化」する

ここまで、自分の行動を記録する方法を紹介しましたが、単に過去の行動を記録として残すことが目的ではありません。

大切なのは、その記録からさまざまな**気づきを得る**とともに、それをこれから先にどう活かしていくのか、**改善方法を見つけて試してみる**ことです。

せっかく「書く」時間を使って記録したことですから、見返して将来に活かさなければ書いた時間がムダになってしまいます。それはもったいないですよね。

ですから、将来に活かすところまでやってこそ、記録の時間が**投資の時間**になるのです。

ここからは、記録したことを読み返して明日に活かす方法（レビュー）について紹介していきます。

レビューの目的

具体的な振り返り方に入る前に、レビューの目的を確認しておきましょう。

レビューというと、過去を振り返ることだと思われがちですが、それが本当の目的ではありません。大切なのは**「自分を知ること」**と**「これからどうするかを決めること」**です。それぞれどういうことなのかを見ていきましょう。

自分を知る

まずは、「自分を知る」とは、04項で紹介したゴールデンタイムや行動パターンを知ることを指しますが、これはとても重要です。なぜならば、自分のことがわかっていなければ活かせるわけがないからです。

たとえば、あなたはロボットを操縦するパイロットだとします。パイロットなのに、自分が操縦しているロボットが持っている武器や能力・特徴を知らなければ、能力を発揮できるはずがありません。

右手が上がっているのか下がっているのか、どこかにダメージを受けているのかいないのか、エネルギーは満タンなのか切れかけているのか……。そのようなことがわからなければ、戦うことはできません。

人も同じです。自分自身の身体がロボットで、それを操縦するパイロットも自分です。どんなことが好きなのか得意なのか、何をしたいのか、何をされると嫌なのか、どれくらい睡眠時間が必要なのか、どんな価値観を持っているのか……。自分のことを深く知り活かすために、定期的にレビューする必要があるのです。

これからどうするかを決める

もう一つの目的は「これからどうするかを決めること」です。大切なのは、過去の出来事を受けて、何をどう変えていくのか、**未来の行動を決めること**です。

うまくいっていること・いっていないことを整理します。うまくいっていることを続けたり、もっとうまくやるにはどうすればいいのかを考えます。うまくいっていないことはどうすればうまくできるようになるのか、対策や改善策を考えます。好ましくない行動をしているのなら、どうすれば減らしたり止められるのかを考えてみるのです。

現在地を確認して、どの方向に進めばいいのかを確認して動き出すのです。過去の出来事は経験として未来を変えるために活かす。それがレビューを行う目的です。

行動を記録するメリット

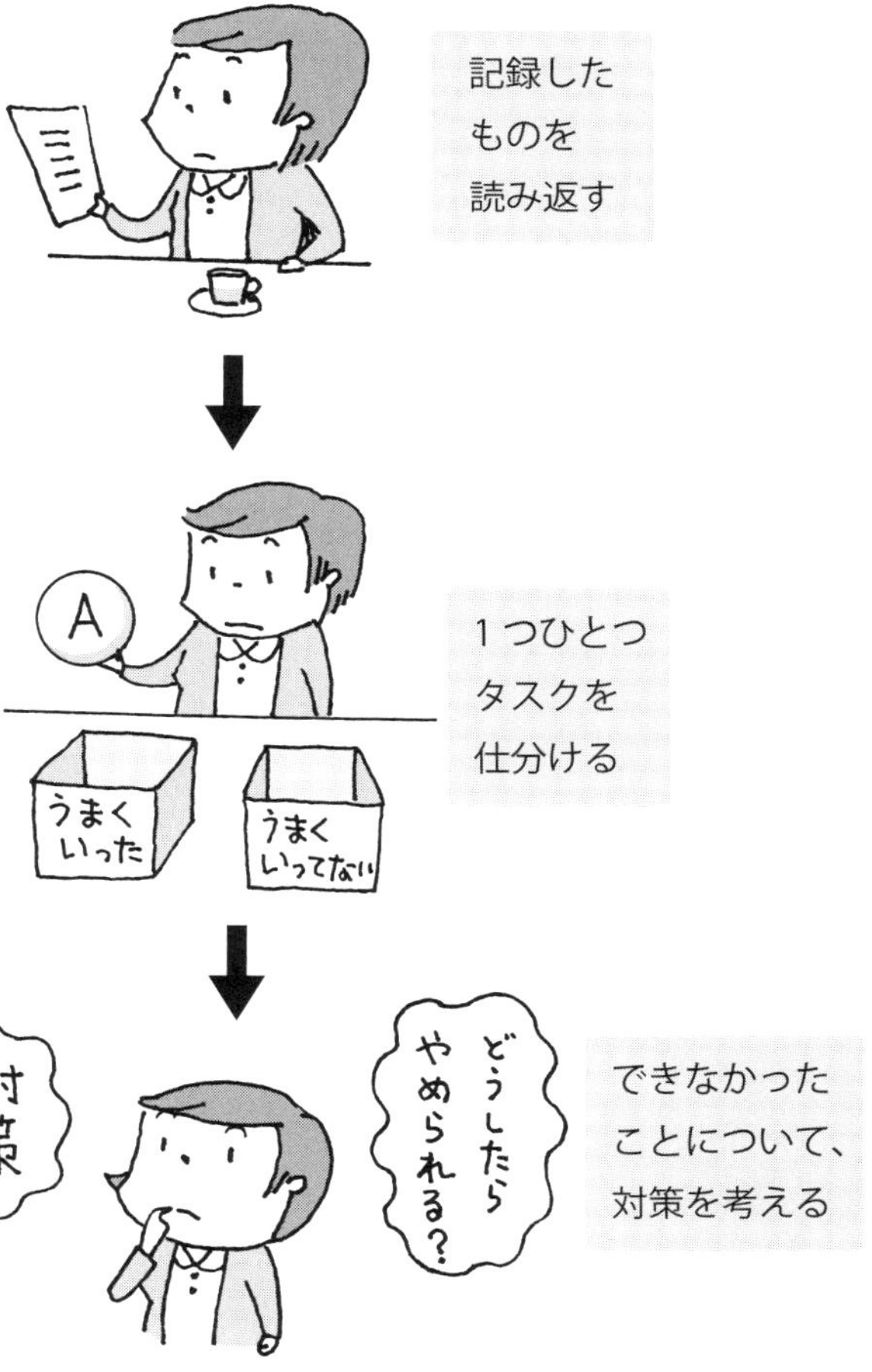

09 振り返る時間を取る

レビューの頻度

レビューは毎日、毎週、毎月、3か月ごと、6か月ごと、毎年と定期的に行うようにします。まずは、振り返りをする時間を決めて、カレンダーに記入し、自分アポとして予定をブロックしておきましょう。

間隔が短いほどズレを補正しやすいので、週に1回だけ、1時間かけてレビューするくらいなら、毎日5分だけやったほうが効果が高いのです。

レビューもドライブに似ています。通いなれた道なら目的地まで迷いませんが、初めて行く場所ならカーナビで、道を間違えていないかをこまめに確認するはずです。

レビューの目的もこれと同じです。正しい方向に進んでいるかどうか、確認するために行います。ですから、1日と言わず、タスクが完了するごとに振り返ってもいいくらいですので、なるべくこまめに振り返って気づきを記録しておきましょう。

細かく振り返る

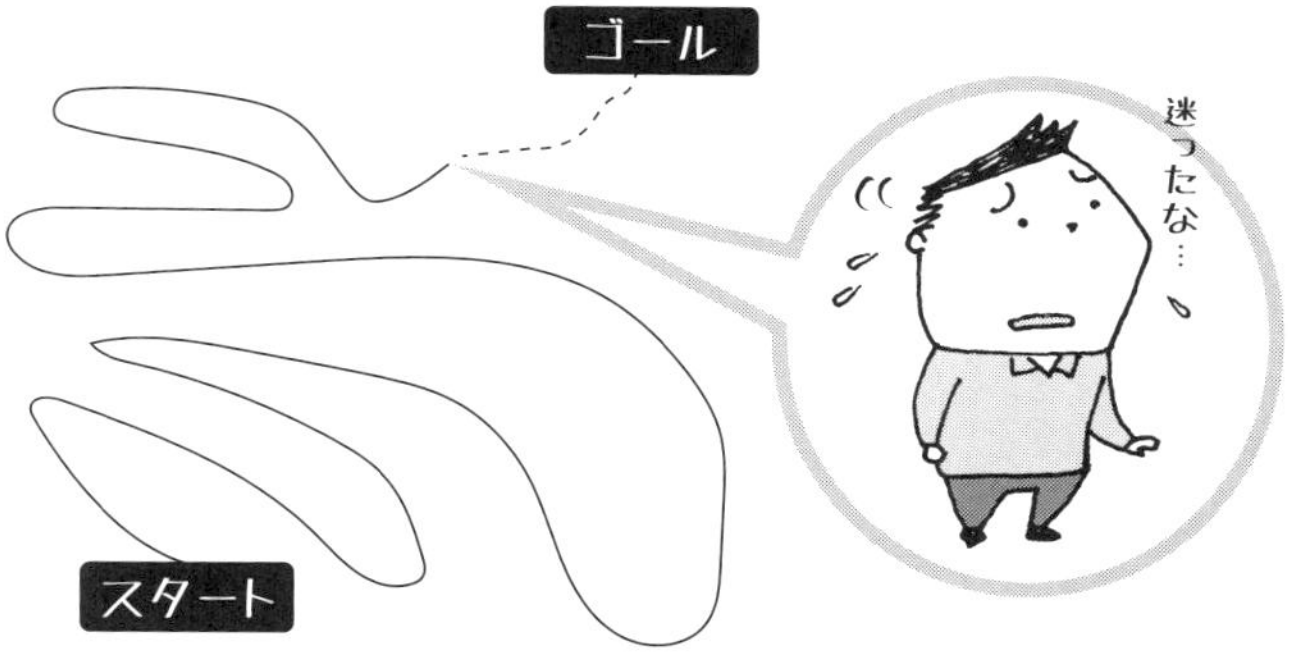

長時間振り返りをしないとぶれが大きい

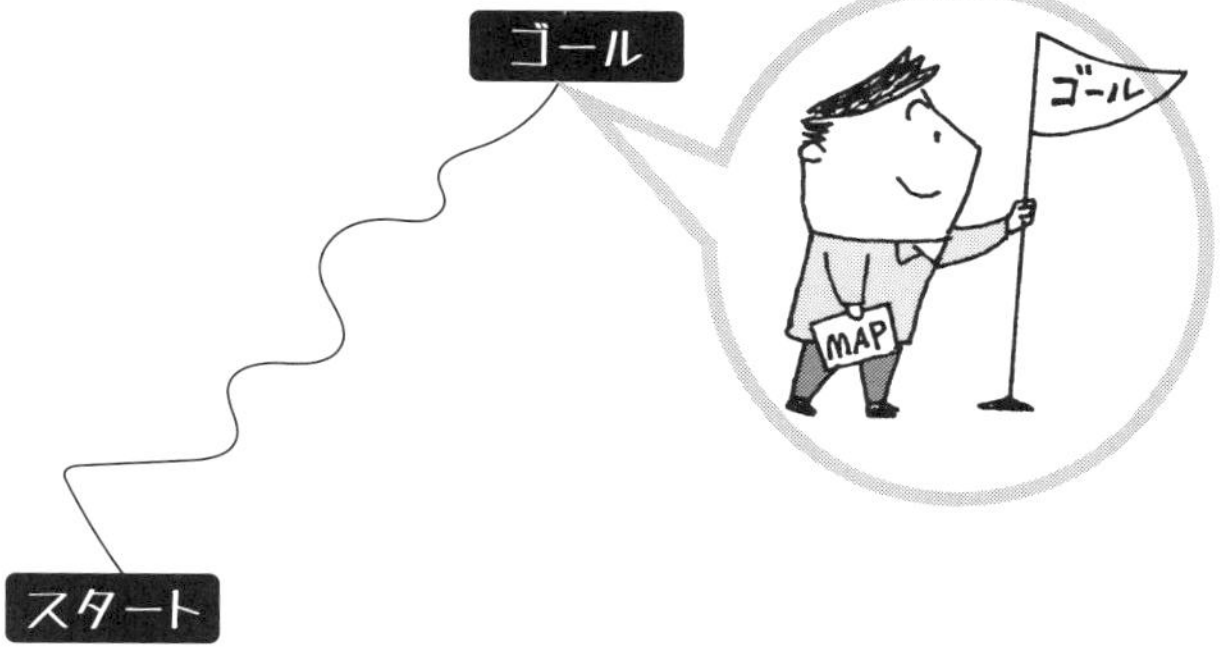

短時間で振り返りをするとすぐに調整できる

10

項目も改善する

振り返る項目を決めてフォーマット化しておくと、回ごとのブレが小さくなりますし、何を書けばいいのかを考える必要がないので、すぐに取りかかることができます。

また、先ほど紹介したように、空白があると人は埋めようとしますので、枠がなければ見過ごしてしまうような小さな変化にも気づいて書き込めるようになります。

ですから、最低でも振り返る項目だけは決めておいてください。

なお、振り返りの項目やフォーマットは一度作っておしまいではありません。その内容で効果があるのかないのかを定期的に確認します。

そして、効果がないと判断した項目は、書く時間のムダになりますから、削除してしまいましょう。逆に、追加したほうがよさそうな項目を見つけたときには、試しに追加してみて、効果の有無を確認してみましょう。

振り返る項目も常に改善を心がけて定期的に見直すようにしてください。

自分のフォーマットを作る

振り返る
項目を
決める

エクセルで
フォーマット
を作る

P.160 と P.161 を参照

プリント
アウト
して使う

私が使っているフォーマット（日次レビュー）

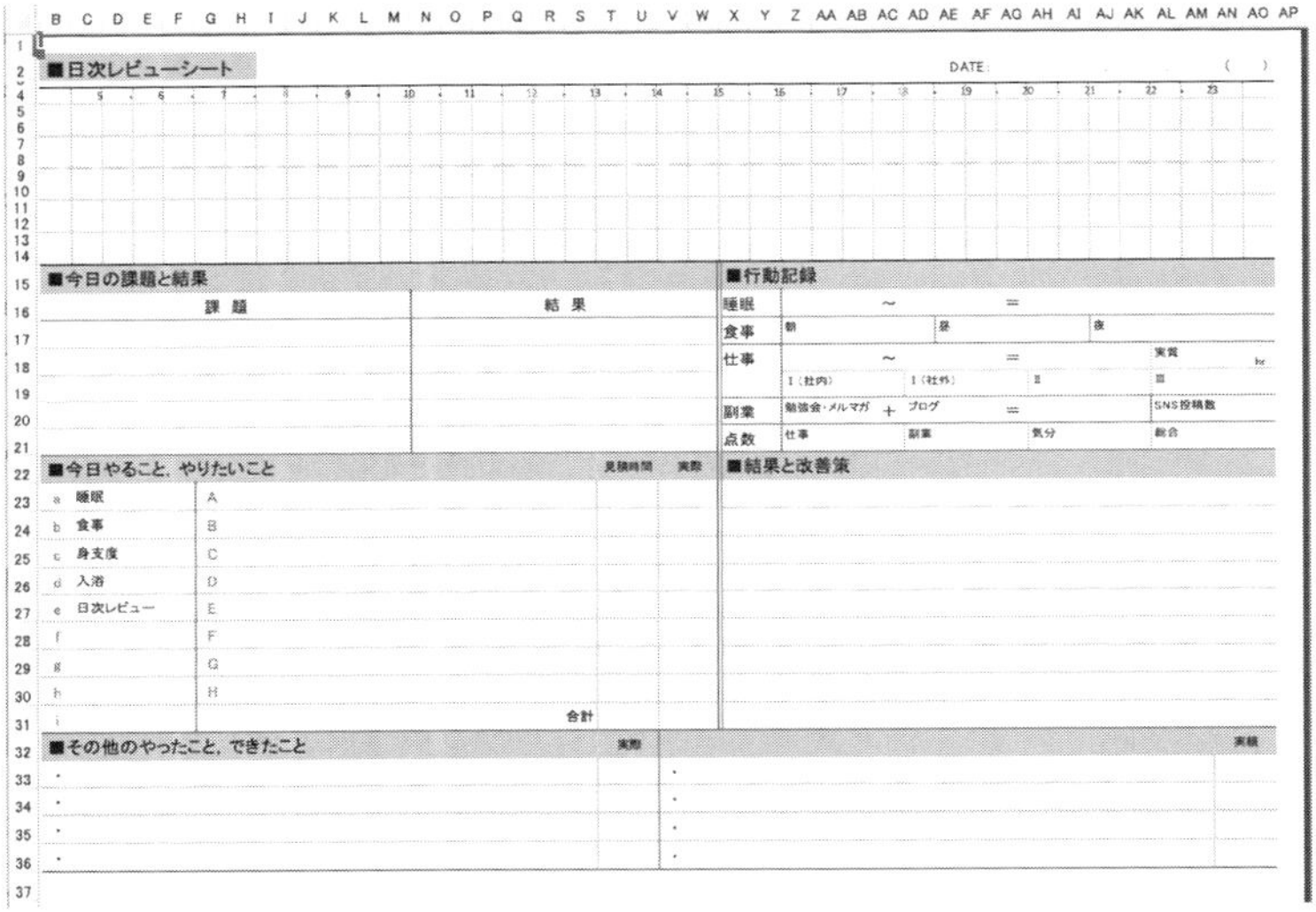

■日次レビューシート　　DATE：　　（　）

5　6　7　8　9　10　11　12　13　14　15　16　17　18　19　20　21　22　23

■今日の課題と結果

課題	結果

■行動記録

睡眠	〜	＝		
食事	朝	昼	夜	
仕事	〜	＝		実質　hr
	Ⅰ（社内）	Ⅰ（社外）	Ⅱ	Ⅲ
副業	勉強会・メルマガ ＋	ブログ	＝	SNS投稿数
点数	仕事	副業	気分	総合

■今日やること、やりたいこと　　見積時間　実際

		見積時間	実際
a　睡眠	A		
b　食事	B		
c　身支度	C		
d　入浴	D		
e　日次レビュー	E		
f	F		
g	G		
h	H		
i	合計		

■結果と改善策

■その他のやったこと、できたこと　　実際　　　実績

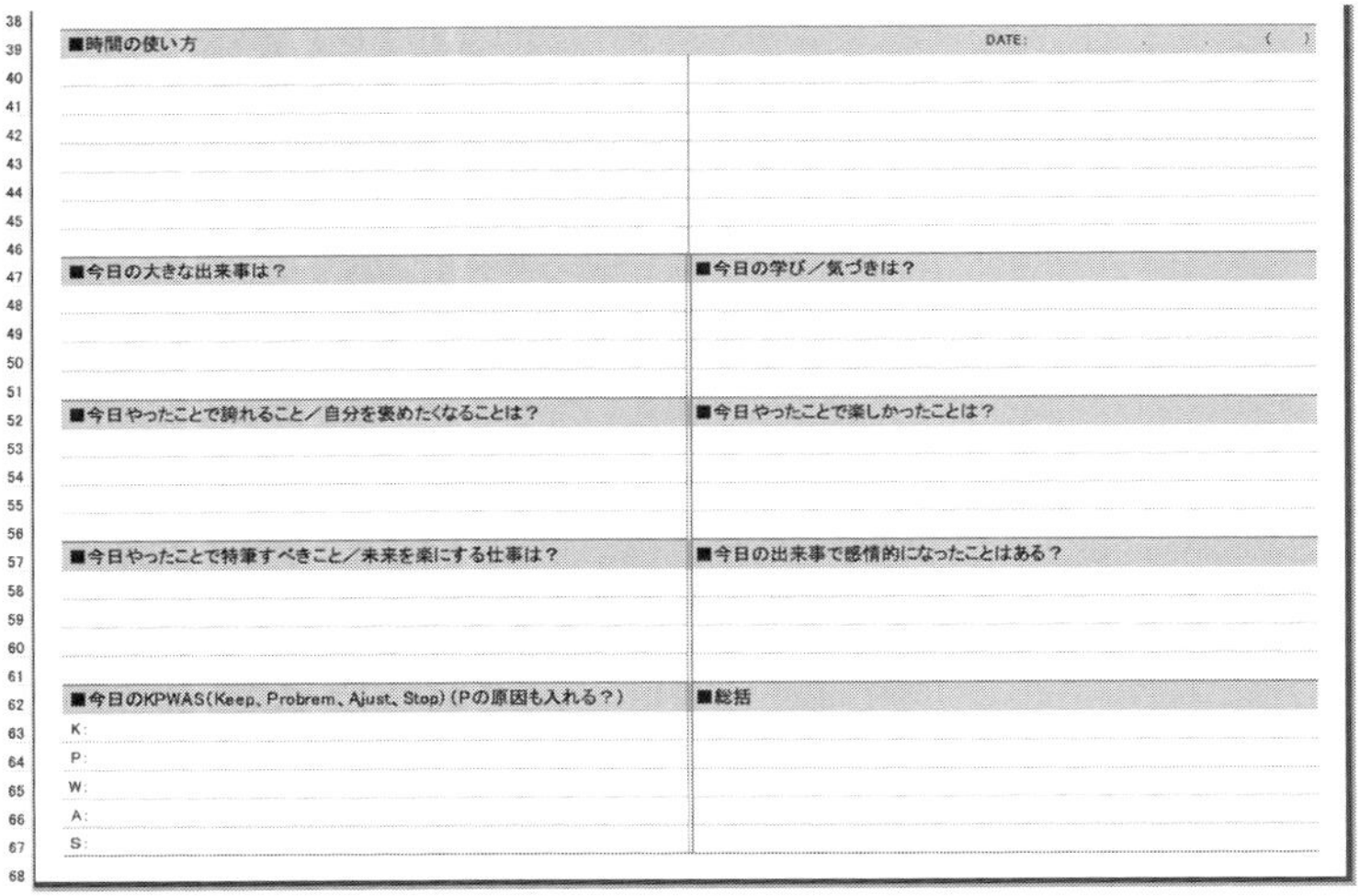

■時間の使い方　　DATE：　　（　）

■今日の大きな出来事は？

■今日の学び／気づきは？

■今日やったことで誇れること／自分を褒めたくなることは？

■今日やったことで楽しかったことは？

■今日やったことで特筆すべきこと／未来を楽にする仕事は？

■今日の出来事で感情的になったことはある？

■今日のKPWAS(Keep、Probrem、Ajust、Stop)（Pの原因も入れる？）

K：
P：
W：
A：
S：

■総括

私が使っているフォーマット（週次レビュー）

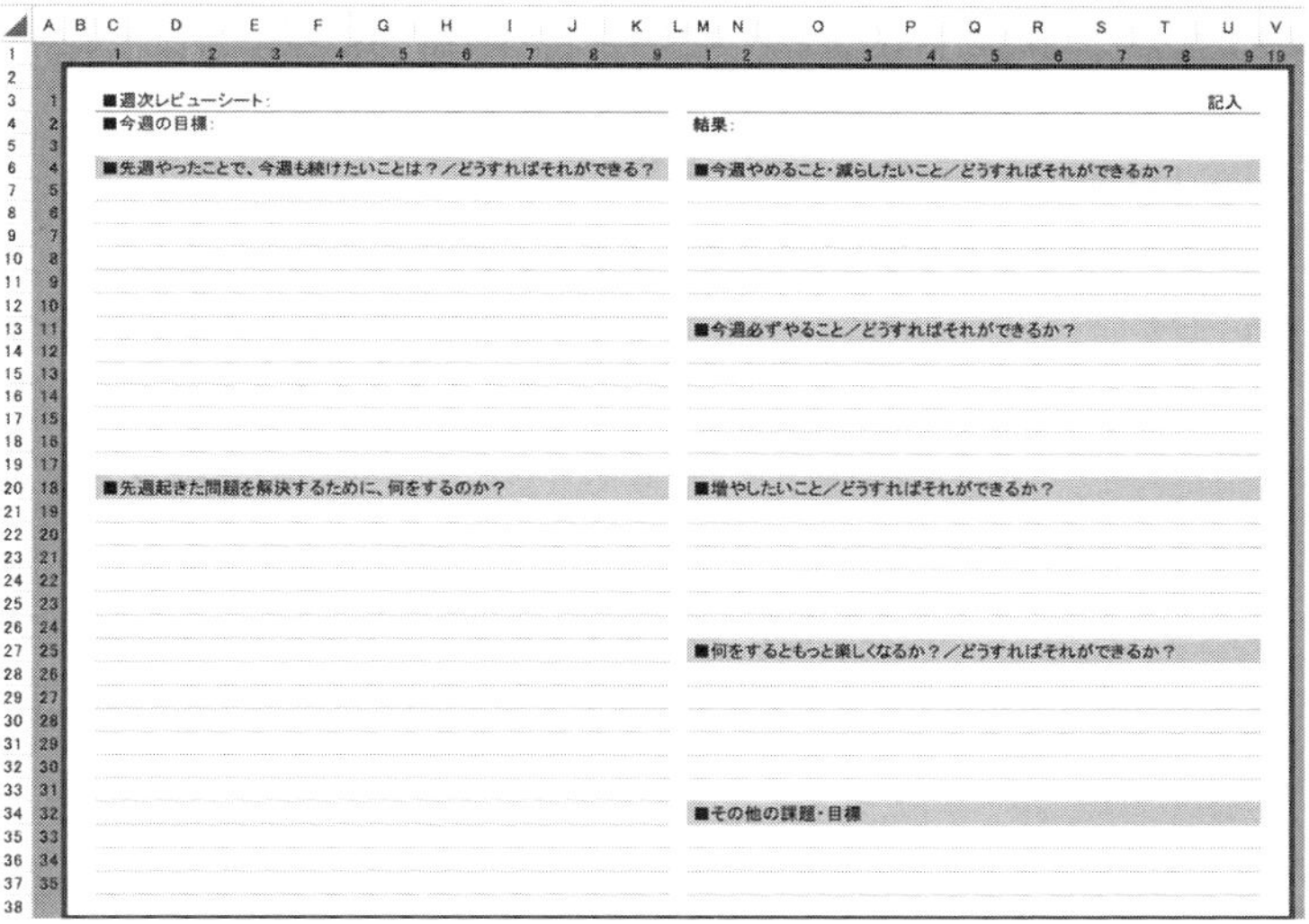

■週次レビューシート:

記入

■今週の目標:

結果:

■先週やったことで、今週も続けたいことは？／どうすればそれができる？

■今週やめること・減らしたいこと／どうすればそれができるか？

■今週必ずやること／どうすればそれができるか？

■先週起きた問題を解決するために、何をするのか？

■増やしたいこと／どうすればそれができるか？

■何をするともっと楽しくなるか？／どうすればそれができるか？

■その他の課題・目標

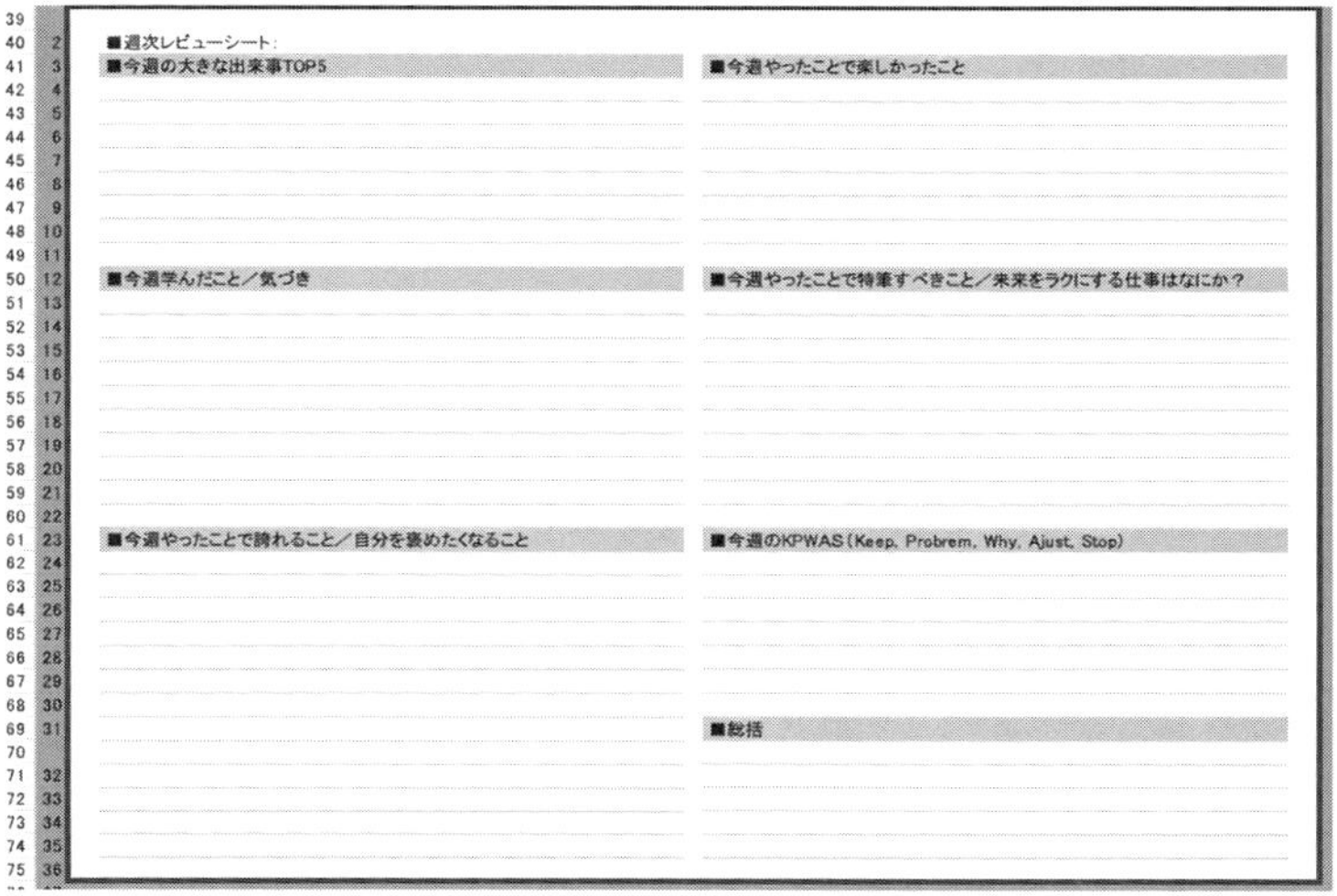

■週次レビューシート:

■今週の大きな出来事TOP5

■今週やったことで楽しかったこと

■今週学んだこと／気づき

■今週やったことで特筆すべきこと／未来をラクにする仕事はなにか？

■今週やったことで誇れること／自分を褒めたくなること

■今週のKPWAS（Keep, Probrem, Why, Ajust, Stop）

■総括

11

スケジュール欄の未記入部分に実績を記録する

それでは、ここから具体的なレビューのやり方について、私が毎日、どんなことを振り返っているのか、どうやって書いているのかを私が使っている日次レビューシートを使って紹介します。

まずはじめに、スケジュール欄の実績欄に未記入の部分があれば、ノートに書いたメモを見ながら実績を記入します。

基本的には、ひとつの作業が終わるたびに記入していきます。

ただ、打ち合わせが続いたり、続けて作業をしてしまったため、記入することを忘れてしまうこともあります。

そのようなときには、ノートに書いたメモを見ながら空白を埋めていきます。

時間の使い方を検証するには、予定と実績を並べて記入するのがいちばんわかりやすいからです。

スケジュール欄の未記入部分に実績を記入

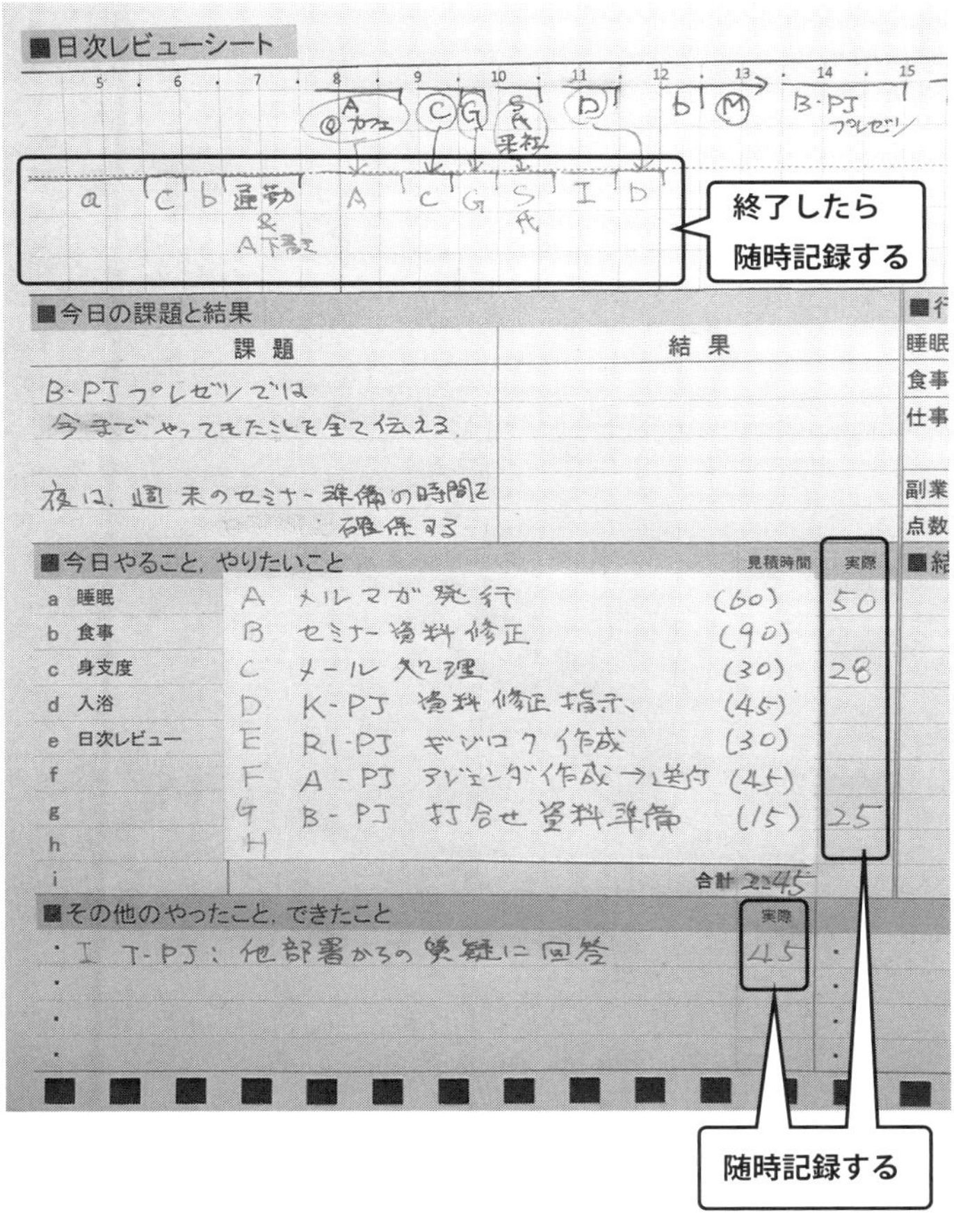

12 ライフログ管理アプリの未入力部分に実績を入力する

私は何時から何時まで何をしたのかをノートに記録すると同時に、日・週・月ごとの集計がしやすいように、MyStatsというライフログ管理アプリでも時間の使い方を記録しています。

基本的にはここにも作業が終わるたびに入力しているのですが、入力モレがあれば、そこにもノートを見ながら入力します。

レビューの際、ノートに書いた記録を見ながら集計してもいいのですが、毎日の作業なので、いちいち手計算するのは面倒なためアプリを使っています。

また、このアプリに入力したデータはcsv形式で出力できるため、エクセルでの集計も容易にできます。そのため、あとで紹介する週次レビューの際には、仕事、睡眠、家族などにどれくらいの時間を使ったのかを集計して、目標としている時間が取れたかどうかを確認しています。

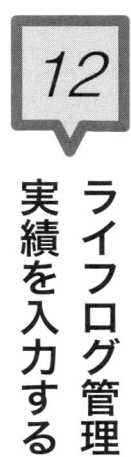

ライフログ管理アプリに実績を入力

ライフログ管理アプリ MyStats の使い方

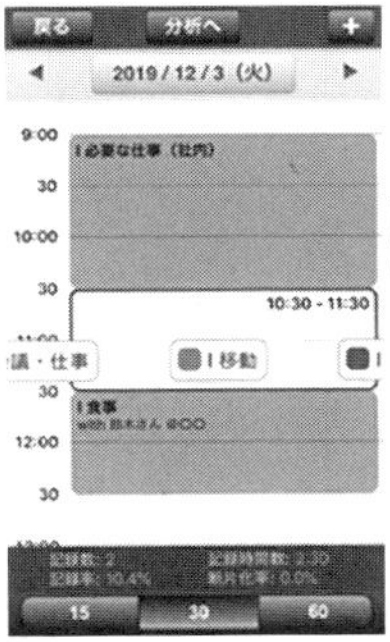

データ記録画面1

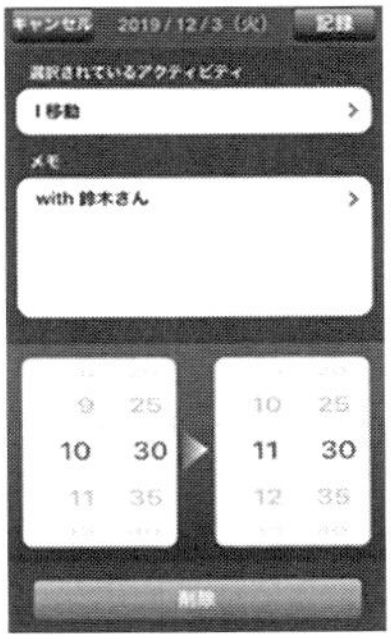

データ記録画面2

開始時刻を長押しして選択。そのまま終了時刻まで指をスライドしたあと右上の＋ボタンを押す

何をしていたのか「アクティビティ」から選択する。メモを記入することもできる

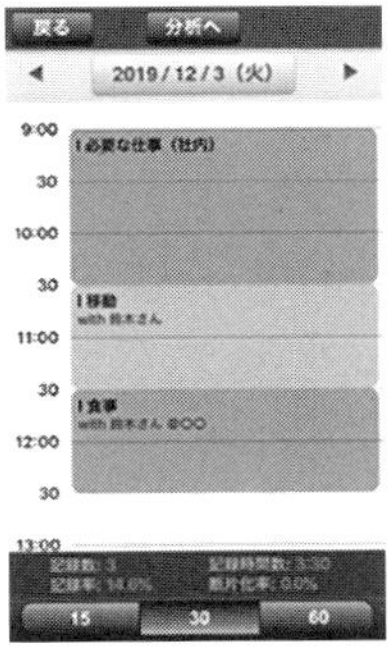

入力完了！

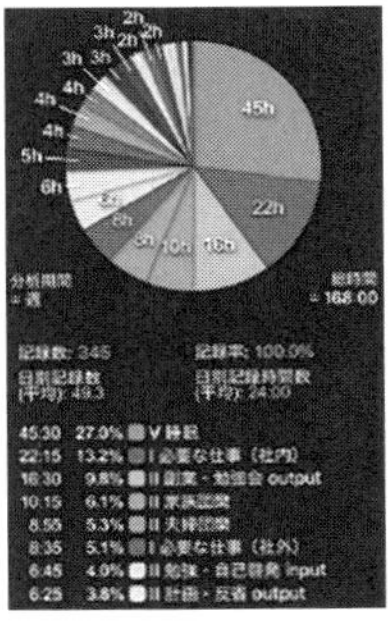

データ集計画面

日・週・月・任意の期間でアクティビティごとの集計ができるので何にどれくらい時間を使っているか、大事な行動に時間を使えているかが一目でわかる

もっと詳しく知りたい方は MyStats の公式サイト http://www.mystats.net/jpn/ や「MyStats」で検索すると使い方を紹介したブログ記事等が出てきますので、そちらも参考にしてみてください。

13

やることリストに実績と振り返りを記録する

今日のやること、やりたいことリストの項目ごとに、実際にかかった時間を記入するとともに、所要時間内にできたのか、できなかったのかを確認します。

もし、できなかったのなら、「結果と改善策」の欄に「なぜできなかったのか、どうすればできるようになるか？」を書きます。

また、所要時間内でできたときにも、「もっとよくする方法はないか？」を考えて思いついたことがあれば記入しておきます。

先ほど、レビューの目的を「うまくいっていること・いっていないことを整理し、うまくいっていることはもっとうまくやるにはどうすればいいのかを考え、うまくいっていないことは対策や改善策を考えること」と書きましたが、具体的にはこのように記録しておくことを示しています。

やることリストに実績と振り返りを記録

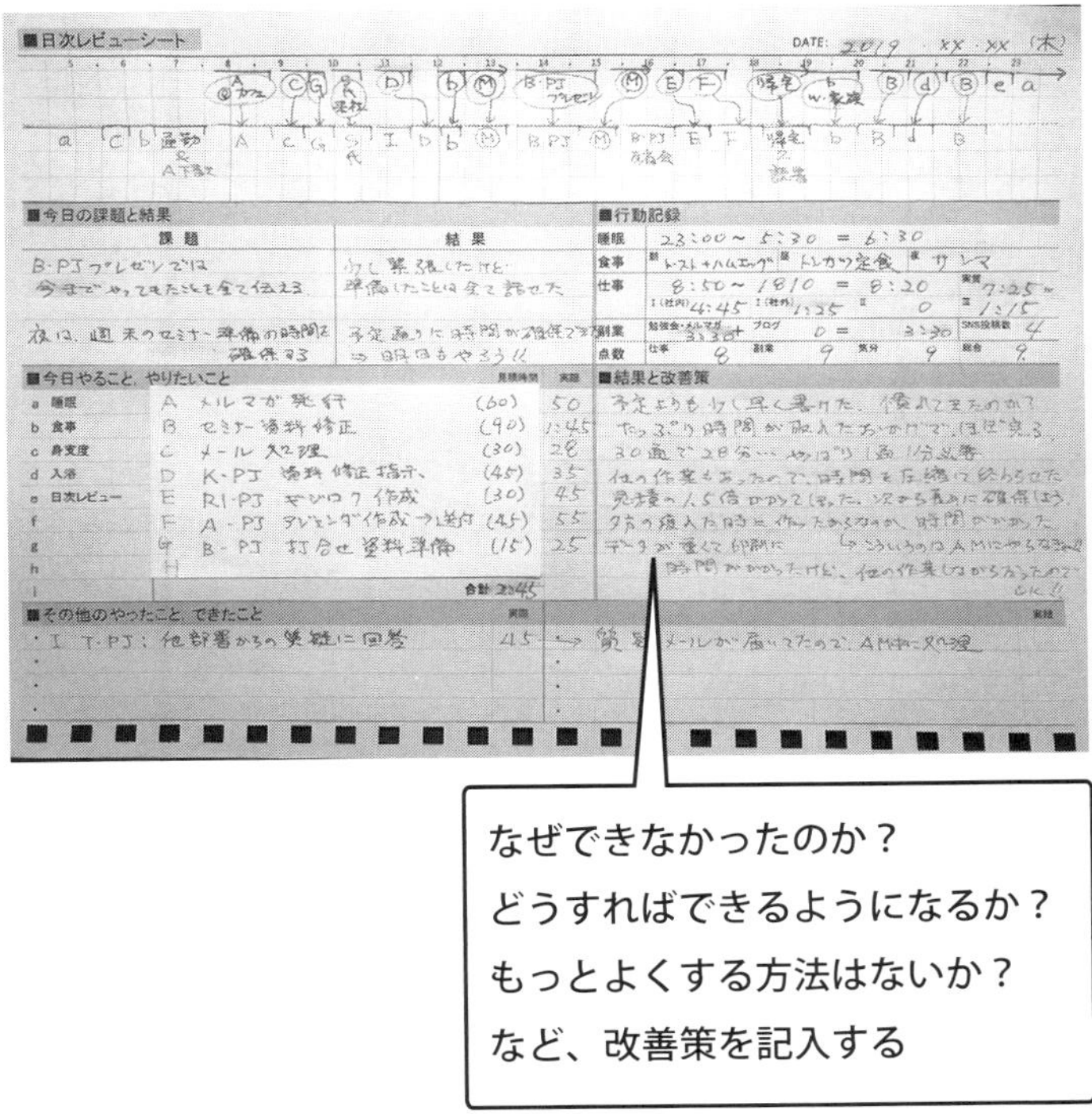

なぜできなかったのか？
どうすればできるようになるか？
もっとよくする方法はないか？
など、改善策を記入する

14

行動記録欄に記録する

続いて、行動記録欄に次のものを記録します。

・睡眠時間：何時から何時まで寝たのか
・食事：朝食、昼食、夕食で食べたもの
・仕事時間：何時から何時まで勤務したのか
・副業：勉強会の準備やメルマガ・ブログ執筆等に費やした時間
・SNS投稿数：Facebook や Twitter への投稿数

なお、仕事時間については、前述したMyStatsに入力する際に、社内で行った重要かつ緊急なⅠの仕事、社外で行ったⅠの仕事、緊急ではないけれども重要で将来につながるⅡの仕事、それほど重要ではないけれども緊急に対応せざるを得なかったⅢの仕事に分けて入力しているので、ここでもその分類ごとの時間を記入します。

４つの象限に分類する

	緊急	緊急ではない
重要	**第Ⅰ領域** 締め切り直前の仕事・タスク 直前に迫った会議の資料作り クレーム処理 危機や災害、事故、病気 壊れた機械の修理	**第Ⅱ領域** 人間関係づくり 勉強や自己啓発 体力作り 準備や計画 適度な休憩や息抜き
重要ではない	**第Ⅲ領域** 重要ではない会議への参加 無意味な電話やメールの対応 突然の来訪への対応 多くの報告書 無意味な接待やつき合い	**第Ⅳ領域** 誰にも読まれない報告書の作成 ダラダラしたネットサーフィン 長時間の SNS 暇つぶし 長時間、必要以上の息抜き

第Ⅰ領域：緊急であり重要でもある

第Ⅱ領域：緊急ではないが、重要ではある

第Ⅲ領域：緊急ではあるが、重要ではない

第Ⅳ領域：緊急でもなければ重要でもない

仕事を4つに分類しているのは、Ⅲの仕事は極力減らし、ⅠまたはⅡの仕事にあてる時間を増やしたいと考えているからです。

また、仕事欄には「実質」欄がありますが、勤務時間中とはいえ、早めに昼食に出たり、トイレに行ったり、職場の人と仕事とは関係がない話をしていたときなどもあるでしょう。そのようなときは、仕事以外の時間として記録しているため、勤務時間から、これらの時間を引いた時間を実質的に仕事をしていた時間としてここに記録しています。

ここでは私が記録している項目を紹介しましたが、あなたが継続して確認したい項目に置き換えてください。

時間の使い方の詳細を確認する

1日の行動を振り返って行動記録欄に記入したあと、もう少し細かく内訳を確認します。具体的には、MyStats の入力項目には、その他Ⅰ、その他Ⅱ、その他Ⅲというのも作っており、それぞれ、具体的に何を何分やったのかを MyStats のメモに入力した内容やノートで確認しながら記入します。勉強や副業についても同様に、何を何分やったのかを確認して、このスペースに書き出しています。

時間の使い方を確認して記録

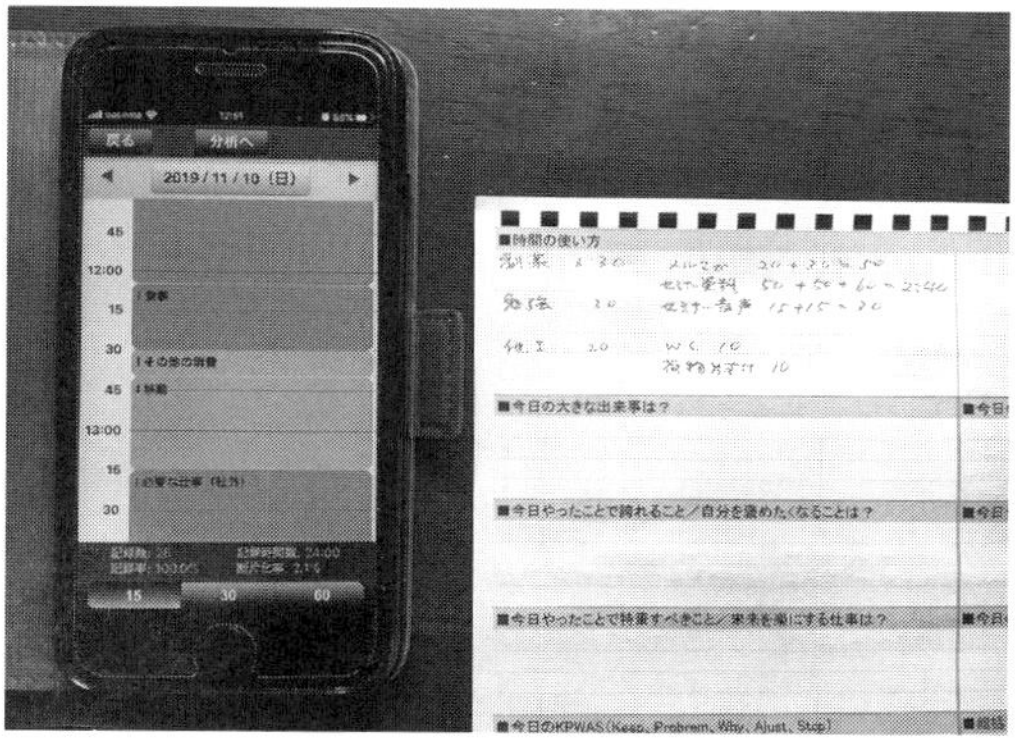

スマホのライフログ管理アプリ【MyStats】で確認しながら、記録している

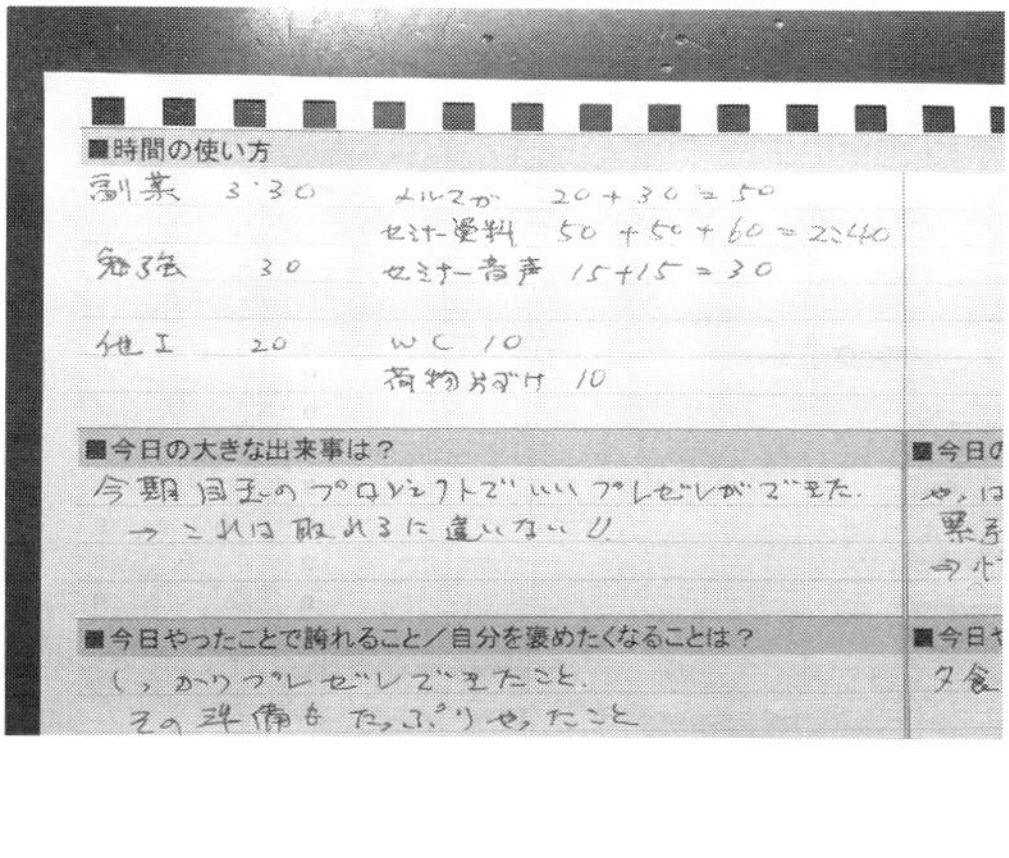

15 ノート全体を読み返す

そのほかの時間などを確認したあとは、ノートに記録したメモを見ながら、その日の朝から今まで何をやったのかを振り返ります。そして、もし、メモの中にまだ完了していないタスクがあれば、タスクリストに記入します。

このときにも、予定と実際の行動を比較したり、「忙しいだけの仕事」と「本当の仕事」の仕分けをします。

また、今日できたことを振り返って、「なぜできたのか?」「もっとうまくやる方法はないか?」を考えたり、できたことに対してどんな結果や変化があったのかを考えて、思いつくことがあれば、赤でノートに記入します。

できなかったことについても同様に、「なぜできなかったのか?」「どうすればできるのか?」を考えて、明日以降やってみようと思うことを赤字でノートに記入するとともに、明日の課題となりそうなことであれば、翌日のレビューシートに課題として記入します。

ノート全体を読み返す

ノートを
見渡す

↓

1つひとつ
仕事を
振り返る

↓

思いつきが
あれば、
赤ペンで記入

16 レビューシートの8項目を書く

最後に、毎日の振り返り項目に設定している以下の8項目について記入します。

・今日の大きな出来事は？
・今日の学び／気づきは？
・今日やったことで誇れること／自分を褒めたくなることは？
・今日やったことで楽しかったことは？
・今日やったことで特筆すべきこと／未来を楽にする仕事は？
・今日の出来事で感情的になったことはある？
・今日のKPWAS（Keep、Probrem、Why、Ajust、Stop）
・総括

この中に「今日の出来事で感情的になったことはある？」という項目がありますが、こ

レビューシートの８項目を書く

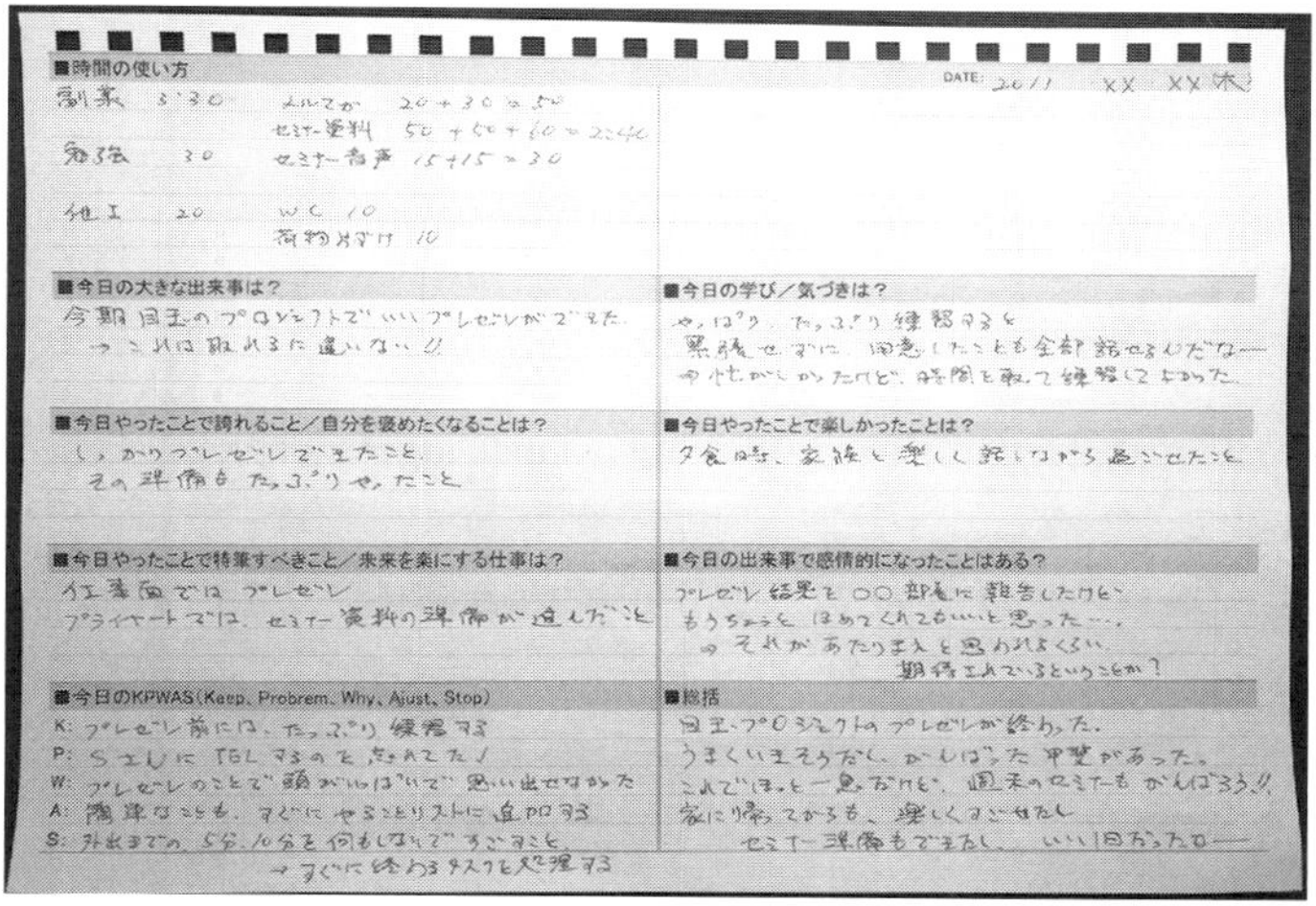

・今日の大きな出来事は？

・今日の学び／気づきは？

・今日やったことで誇れること／自分を褒めたくなることは？

・今日やったことで楽しかったことは？

・今日やったことで特筆すべきこと／未来を楽にする仕事は？

・今日の出来事で感情的になったことはある？

・今日のＫＰＷＡＳ（Keep、Probrem、Why、Ajust、Stop）

・総括

総括は、今日１日がどんな日だったのか、全体を振り返って日記的に書く

れは怒ったりムカついたりした事実だけを書くのではありません。

「なぜそのような感情を持ってしまったのか？」

「もしかすると、相手はそんなつもりで言ったのではないのではないか？」

「自分の受け取り方が間違っていたのではないか？」

そのようなところまで考えて、思いついたことを書くようにします。

なぜ、このようなことを書くのか、わかりますか？

これを書くことで、自分のことを客観的に見ることができるようになるからです。続けていると、多少のことでは感情的にならなくなりますし、感情的になっても、すぐに平常心に戻れるようになるというメリットがあります。

イライラした気持ちのままで仕事に取り組もうとしても、集中して作業できるはずがありません。仕事を効率よく処理するためには、冷静でいることは必須です。ネガティブな感情を引きずってしまう人は試してみてはいかがでしょうか？

かなり効果があるはずです。

また、怒ったということは、自分が大切にしていることを粗末に扱われたり、自分の価値観に反することをされたからなのかもしれません。

あるいは、あなたは簡単にできるのに相手ができないから「どうしてこんな簡単なことができないんだ！」と感情的になってしまったのかもしれません。

ですから、**「自分は何を大切にしているのだろう？」**と深く考えたり、自分の**強みを見つける**きっかけとして、使ってみてください。そうすることで、ますます自分のことを知り、活かせるようになります。

最後に、今日の締めくくりとして総括には、その日がどんな1日だったのか全体を振り返って日記的に書きます。

17

習慣化チェックリストに記録する

「何か新しいことを習慣にしたい」

そんなときに有効なのがチェックリストです。

「習慣にしたい」と頭で考えているだけでは、すぐに忘れてしまいますが、チェックリストに記録すると決めておけば、やり忘れることがありません。

これも見える化のひとつです。チェックのしかたは簡単。できた日に○をつけるだけです。

○をつけるときは、どんなことでもやはりうれしいものです。さらに、○が続くと、途切れさせたくない気持ちが働いて、ますます継続しやすくなります。

もちろん、私も習慣化のチェックリストも作っているので、振り返りの最後に、これをチェックします。

「なぜここまで細かく振り返るのか？」

そう疑問に思う方もいらっしゃるかもしれません。

１日の振り返りは、将棋にたとえると「感想戦」のようなものです。

今日やったことのうち、よかった点は明日以降も続けられるように、また、よくなかった点は少しでもよくなるようにするために行います。

どんなことでもやりっぱなしでは、今よりよくなることはありません。

しっかりとＰＤＣＡを回すためには細かくレビューする必要があるのです。

習慣化チェックリスト

12月

週				48週	49週							50週							51週							52週
	29 木	30 金	31 土	1 日	2 月	3 火	4 水	5 木	6 金	7 土	8 日	9 月	10 火	11 水	12 木	13 金	14 土	15 日	16 月	17 火	18 水	19 木	20 金	21 土	22 日	23 月
一日一新				○	○	×	○	×	○	○	×	×	○	○	○	×	○	○	×	○	○	○	×			
SNSへの投稿				○	×	○	○	○	×	○	○	○	○	○	×	○	×	○	○	×	×	○	○			
原稿書き				○	△	○	○	○	△	○	×	○	○	○	△	○	×	○	△	○	○	○	△			
妻を笑わせる				○	×	○	×	○	×	×	○	×	○	×	×	×	○	×	○	×	○	○	×			

チェックのしかたは簡単！

できたその日に○をつけるだけで OK です！

18 KPWASで振り返る

日次レビューの項目の中に「今日のKPWAS」というものを入れていますが、これについて簡単に説明しておきます。

K（Keep）は、今日やったことのうち、今後も継続して行いたいことです。

P（Problem）は、今日の出来事で問題になったことです。

W（Why）は、なぜ問題が起きたのか、何が原因なのか、ということです。「なぜ？」を考えると自然と次の〝どうすればいいのか？〟まで考えるようになります。

A（Ajust）は、今日起きた問題を解決するために、どのような改善をするのか、ということです。

S（Stop）は、今日やったことのうち、やめたいこと、減らしたいことです。

Sには、やめたいこと、減らしたいことだけを記入すれば問題ありません。

ただ、私の性格なのか、振り返りをやり続けてきた結果なのかわかりませんが、「どうやってやめるのか?」「その代わりに何をするのか?」まで考えてしまうこともたびたびあります。

そのときは、それもアイデアだし、この先で役に立つことがあるかもしれないと思って、余白に記入するようにしています。

自分の1日の行動を振り返りながら、これらの5項目を埋めていきます。

なお、「KPWAS」というのは、本来「KPT」というコンサルタントの天野勝さんが提唱されている手法があり、私もしばらくはそれに従って書き出していました。

しかし、続けていくうちに、問題を解決するための行動を「Try」というのに引っかかりを覚えたので、これは改善・補正・修正(Ajust)に変更しました。

また、問題(Problem)を書き出すと、どうしても原因(Why)を考えてしまうので、これも書き出せるように欄を追加しました。

さらに、私は以前から、週次レビューでは「来週以降、やめること・減らしたいこと」を書き出していたのですが、1週間に1回では思い出せないことも少なくありませんでした。

そこで、毎日書き出すことにし、これも日次レビューにも取り入れて、中止（Stop）という項目を作りました。その結果できあがったのが、「KPWAS」という手法です。

この本で紹介していることも同じですが、試してみて、「ちょっと違う、少し変えてみたい」と思うことがあったら、自分が使いやすいように変更してもかまいません。

そもそも、他人が提唱する方法は、本人にはいちばん合っているけれど、ほかの人にも当てはまるとは限りません。

ですから、この本で紹介していることも、まずはそのままやってみて、どうしても使いにくい部分が出てきたら、あなたが使いやすいようにアレンジして使ってみてください。

そこですべてを止めてしまうのはもったいないことです。

KPWASとは？

今日のKPWASとは

K（Keep）	今日やったことのうち、今後も継続して行いたいこと
P（Problem）	今日の出来事で問題になったこと
W（Why）	なぜ問題が起きたのか、何が原因なのか
A（Ajust）	その問題を解決するために、どのような改善をするのか
S（Stop）	今日やったことのうち、やめたいこと、減らしたいこと

日次レビューより今日のKPWAS事例

K プレゼン前にはしっかりと練習する！

P Sさんに電話するのを忘れてた！

W プレゼンのことで頭がいっぱいで思い出せなかった

A 簡単なこともやることリストに書いておく

S 外出までの5分、10分を何もしないで過ごす

19

今日の課題をもとに明日の計画を立てる

今日の課題に結果を記入する

振り返りの最後に、昨夜（あるいは今朝）、課題として挙げたことに対して、計画通りにできたのかできなかったのか、結果を記入します。このとき、うまくいった（いかなかった）理由や改善点、そのほかの気づきがあれば、それもいっしょに記入します。

明日の計画を立てる

ここまで、その日の振り返りをしてきました。引き続き、明日の予定も簡単に確認しておきましょう。

- 普段は持って行かないけれども、この日に限って持って行く必要があるものがないか
- 大事なお客様と会う予定になっていないか

など、いつもとは違う予定が入っていないかどうかを確認し、忘れ物をしないために、前日に確認しておいたほうがいいからです。

このとき、時間に余裕があれば、「明日の固定された予定をスケジュール欄に記入」したり、「明日のやること、やりたいことリストを書く」ところまでやっておけば、翌朝、時間割を作る際の手間を省くことができます。

人によっては、「このときに明日の時間割まで作ってしまおう」と思うかもしれません。私もしばらくの間、前日に時間割を作ったことがあります。

しかし、翌朝になると、「今日はこの作業から取りかかる気分ではないなあ」と思うことも多く、時間割を作り直すこともたびたびあったので、今は当日の朝に作ることにしています。

どちらがいいかは、人それぞれですので、自分の都合に合わせて計画してみてください。

20

今週を振り返る週次レビュー

毎日振り返りをしているのに、なぜ1週間の振り返りまでやる必要があるのか？

そのような意見があるかもしれませんね。それには3つの理由があります。

1つ目の理由は、これまで何度も繰り返してきましたが、人は忘れる生き物だからです。何度も繰り返すことで記憶に定着させて行動できるようにするのです。

エビングハウスの忘却曲線について、あなたもご存知かもしれませんが、このグラフを見てわかるように、振り返りをしなければ人の記憶は、24時間のうちに74％が失われます。

しかし、振り返りをすれば**記憶は長く保ちやすく**なります。

さらに、複数回の振り返りをすればするほど、忘れていくスピードが緩やかになり、**記憶を多く保つことができる**ということがわかります。

ですから、その日に振り返るだけなく、1週間後にもう一度振り返ったほうがいいのです。

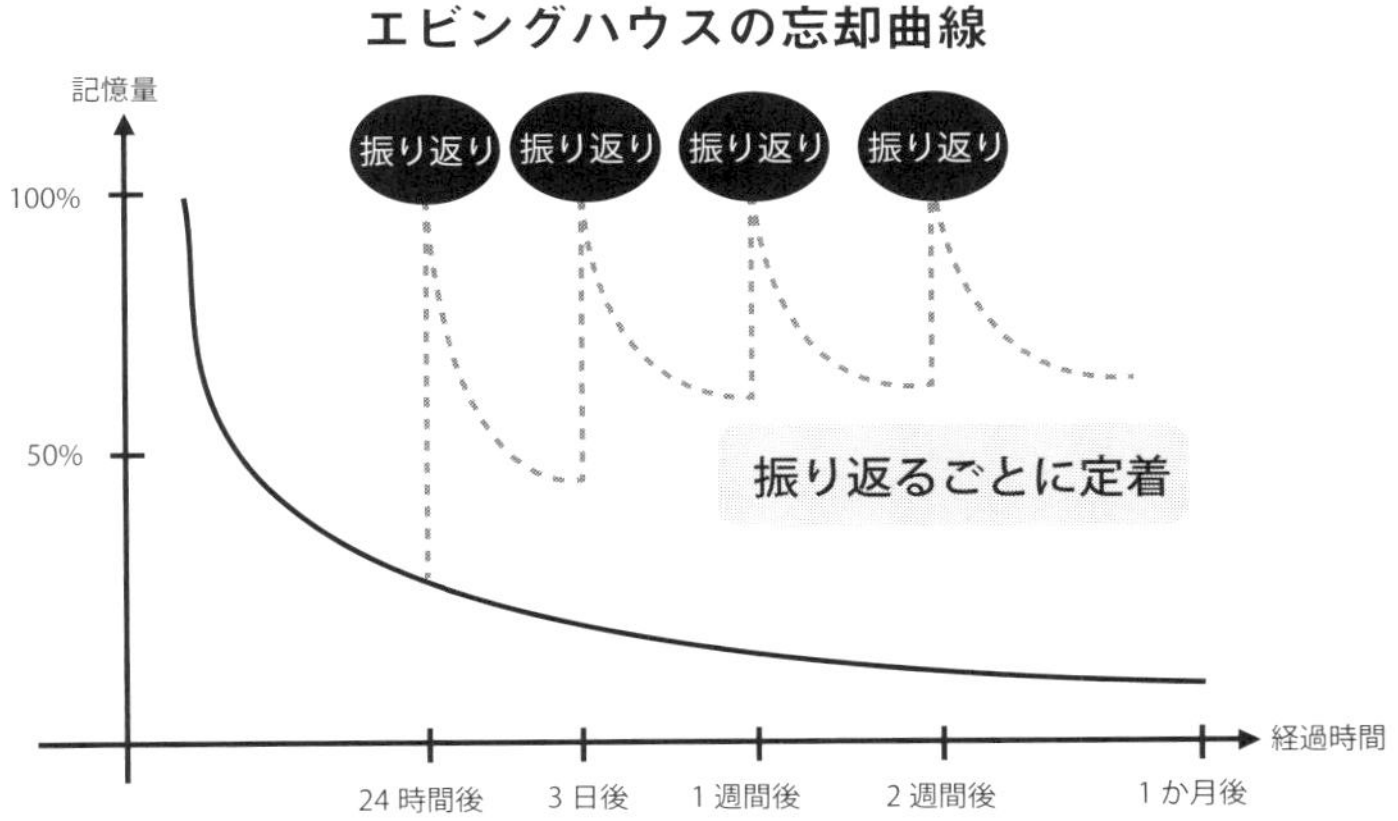

2つ目の理由は、1週間の振り返りは、その週の大きな出来事をまとめ直すことを目的にしています。

毎日の振り返りで「今日の大きな出来事」や「学び／気づき」、「楽しかったこと」などを書き出していますが、その中から本当に「大きな出来事」に絞るという感じです。

週次レビューのほかにも月に1回、月次のレビューをしますので、そのときに数が多すぎると振り返りも大変になってしまいます。そのため、1週間単位で濃縮させておく感じです。

7日間の中には、それほど大きな出来事はなかったけれども、「あるとするならば」と考えて無理やり書き出したものもあります。ですから、その日1日だけで見ると大きなことだった

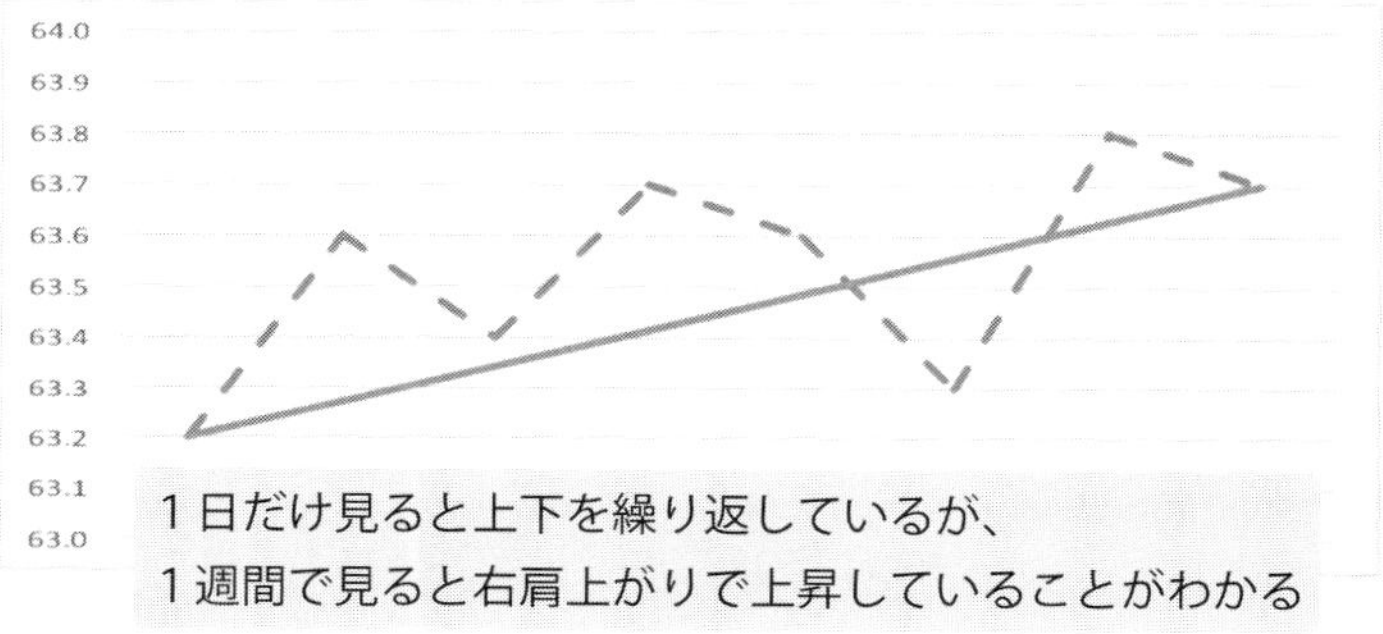

けれども、1週間を見渡すと大したことではなかったことは、週次レビューシートには書きません。

3つ目の理由は、1日単位で見るといい日も悪い日もあるけれど、1週間でならしてどうだったかを確認するためです。

たとえば、体重を減らしたい人が毎晩、昨日より減った（増えた）からといって一喜一憂しても仕方がありません。それと同じように、よかった・悪かったを1日の変化だけで判断しないで、1週間をならしてどうだったのか、目指すゴールに近づいているのか、遠ざかっているのかを確認するために行います。

週次レビューに限らず、日次レビューも月次レビューも目的はどこまで進んでいるのかを確認し、遅れていることについては作戦や計画を練り直すことです。

週次レビューシート

■週次レビューシート：　2019年12月01日～2019年12月07日

2019.12.01記入

■今週の目標：　慌てない。焦らない。時間も気持ちも余裕をもって行動する
⇒すべて前倒しで取りかかる⇒しっかりと計画を立ててから行動！

結果：　時間に余裕をもって計画。焦らず処理できた日が多かった

■先週やったことで、今週も続けたいことは？／どうすればそれができる？

作業するときは必ずタイマーをかける
⇒メール処理するときは使ったけど、その他は半分くらいしか使わなかった

昼休み等のスキマ時間は自分の時間として活用する！
⇒早く仕事を終わらせて帰るために、仕事をした日も半分くらいあった。

ムカついたままで作業をしない　⇒　集中できる作業を先にやって気分を切り替える
⇒うまく気分転換しながら作業ができた

若者からの相談は時間を取ってゆっくり聞く
⇒相談というほどではなかったが、雑談程度の話はよくした

■先週起きた問題を解決するために、何をするのか？

電車に乗るときは急いで歩かない。その分余裕をもって出かける！
⇒電車に乗って何もできないほど急ぐことはなかった

午前、午後とも2時間以上のバッファを確保しておく
⇒空けてたけど、結局埋まったな～

23時には絶対寝る！　じゃないと、その週ず～っと眠いままになる
⇒平日は全部23時前に寝た

集中して作業しているときに声かけられても、あとで、と言って手が空いてから対応する
⇒7割ぐらいは後回しにしてもらった。電話も他の人に取ってもらった

予定は入ってきたらすぐに書く。メールや議事録に次回予定が書かれていたら入力する
⇒すぐにGoogleカレンダーに入力できた

打合せに参加するときは、必ず内職の準備をする
⇒準備はしたけど、できる雰囲気ではなかった

■今週やめること・減らしたいこと／どうすればそれができるか？

やらなきゃいけないことがあるのに、その他の雑多なことから始めて先延ばしすること
⇒全部取りかかったから、ヨシとする

めんどくさいこと、やりたくないことの先延ばし⇒時間割に入れて実行する
⇒先週までよりは減ったけど、まだありそう……

■今週必ずやること／どうすればそれができるか？

退社時刻を決め、その時間までにすべて終わらせてさっさと帰る！！
⇒会社にいたときは早く帰ったけど、社外での打ち合わせは長くなることが多かった

やり忘れた作業がないか、メール含めてチェックし、あれば書き出しておく
⇒今週も大量のメールが届いたので、ますます未処理が増えた

■増やしたいこと／どうすればそれができるか？

勉強会の告知回数　⇒　土・木・金（前日）にやる。その時間を確保しておく！
⇒土・火・木にやったけど、あまり届いてない？

仕事以外の人との交流　⇒　面白そうなイベントを探して出かける
⇒探してみたけど、参加したいと思えるようなものは見つからず……

■何をするともっと楽しくなるか？／どうすればそれができるか？

仕事以外の人との交流　⇒　木金土イベントには必ず参加する！
⇒全部参加できた

原稿がサクサク書き進められる　⇒　書く時間を確保する！
⇒「○○○」についてひらめいた！　仮原稿を提出したし、ちょこちょこ修正もできた

■その他の課題・目標

今週は木金土とイベントあり　⇒　久しぶりだから楽しむ！！
⇒十分楽しめた。やっぱり仕事以外の人と会うと楽しい

■週次レビューシート：　2019年12月01日～2019年12月07日

2019.12.08結果記入

■今週の大きな出来事TOP5

1. 3つのイベントに参加できた
2. 勉強会に仙台から参加してくれた人がいた
3. A-PJとh-PJ、2件の申請を準備…やっぱり2件重なるときつい
4. ○○が引っ越したいと言ったので、いっしょに××のマンションを探してみた
5. 現場打ち合わせのあと、みんなで飲んで帰った

■今週学んだこと／気づき

仕事はやることないな～と思っていても、ちょうどいいくらいの作業が発生する？

最低、5時間の睡眠が必要⇒それ以下だと翌日は頭が働かない

やっぱりNET SHOPで探し物をすると時間がかかる

やることがないと、ダラダラと薄～い仕事をしてしまう　⇒　Ⅱの仕事を作らねば！

やっぱり、昼食に麺類を食べると体重が増えるようだ　⇒　昼食の麺類は止めよう！

■今週やったことで誇れること／自分を褒めたくなること

イベントにに参加する！　と決めて、その時間までに仕事を終わらせた

勉強会では自分のことを話し過ぎず、相手のことをゆっくり聞いて対応できた

週次レビューが1.5hrで終わった　⇒　毎回、これくらいの時間で終わらせる！！

計算間違いに気づいてすぐに関係者に報告し、対応できた

○○の注文は悩まず、さくっと購入できた

眠くなりそうな時間帯に、眠くならない作業を意識的に入れた

■今週やったことで楽しかったこと

イベント参加～交流会・懇親会で仕事以外の人と交流できたこと

勉強会開催…やっぱり人と話すのは好きだし楽しい^^

「○○○」についてのアイデアひらめいた　⇒　いいアイデアが出ると楽しいんだな～

休日や平日の夕食後、家で家族といっしょにのんびりしているとき

■今週やったことで特筆すべきこと／未来をラクにする仕事はなにか？

100通以上溜まってた未読・未処理メールのほとんどを処理できた

勉強会開催＆レビューシート他のExcelデータを渡した

同じ『PDCA手帳術』という本が発売された　⇒　おかげで？　自分の本も売れてる？

Google Search Console にサイトマップを登録した

■今週のKPWAS（Keep, Probrem, Why, Ajust, Stop）

K, W, A, Sは翌週ページに課題として記載

P：　買い物行く時間を見込んでなかったので掃除する時間が取れなかった

　　ネットショップで物を選ぶのに時間がかかりすぎた

　　ちょこちょこ声かけられて作業が中断

■総括

今週もずっと、目がしばしばして眠いって感じだった

水曜までは2件の申請準備他に追われたけど、木金は落ち着いて仕事ができた

結婚記念日に買ってきたケーキの写真が○○のプロフィール写真になってた^^

日次レビューの中から本当に大きな出来事を絞って書き出す！

21 週次レビューのアポを入れる

週次レビューは1週間の振り返りですから、区切りが明確な日に設定したほうがいいでしょう。

レビューは30分から1時間程度を使って1週間を振り返りますので、それだけのまとまった時間が取れる曜日、時間帯に設定します。

日曜日の夕方か、月曜日の朝がお勧めですが、自分の生活リズムにあわせて、毎週確保しやすい時間帯を決め、自分アポとしてスケジュールに入れる習慣を持ちましょう。

ちなみに私は、日曜日から土曜日を1週間として、日曜日の午前中に2時間ぐらい時間を確保しています。

そのとき、できたこと、よかったこと、自分を褒めたくなることなど日次レビューシートを見返して、この1週間での大きな出来事を探すような感じで、先週の振り返りを中心に行います。そのあと、翌週の課題を設定したり計画を立てています。

週次レビューのアポ入れ

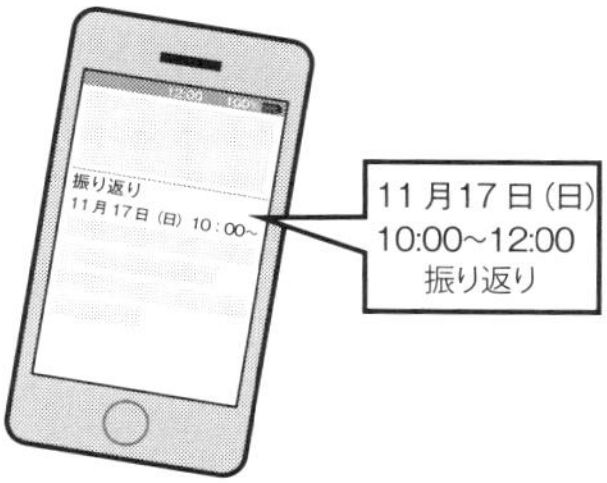

週一回、決まった時間帯に自分アポとして
振り返りをスケジュールに入れておこう

22 週次レビューを記録する

それでは、ここでも私が使っているライフログアプリや週次レビューシートを使って、週次レビューの方法を具体的に紹介します。

①増やしたい習慣・減らしたい習慣を確認する

人の記憶はあいまいでいい加減です。自分にとって都合のいいことをやった時間は長く、好ましくないと思っている行動は短く考えてしまう傾向があります。

ですから、どんなことをしていたのか、感覚ではなくしっかりと**数字で確認する**必要があります。

「食事の量も減らしてきた（気がする）し、お腹まわりもスッキリしてきた（気がする）から、きっと体重も減ったに違いない」

ダイエットするときにそう思っても本当に減っているかどうかはわかりません。事実を知るためには、ちゃんと体重計に乗って○○kgになったと確認しなければなりません。

ダイエットでは体重を量る必要があるのと同じように、時間の使い方についても、数値で確認する必要があるのです。

具体的には、私は自分が開催するセミナー・勉強会の準備や書籍・ブログ・メルマガの執筆、読書、勉強会への参加など、自分のための時間を20時間以上、家族といっしょに過ごす時間を15時間以上、ネットサーフィンやゲームの時間は5時間以下にすることを目標にしているので、その目標が達成できたかどうかを具体的な時間数で確認しています。

デジタルツールを使っていなければ、ノートに手書きしたものを集計してもかまいません。

また、すべてを記録するのが大変ならば、増やしたい習慣、あるいは減らしたい習慣だけ記録するのでもかまいませんが、数字で確認することは忘れないようにしてください。

②ライフログアプリのデータをエクセルで集計する

①だけでも十分かもしれませんが、私はもう少し細かく確認しています。

私が使っているライフログ管理アプリは CSV 形式での出力ができるので、睡眠時間や仕事の時間だけでなく、Ⅰ～Ⅳのそれぞれにどのくらいの時間を使ったのか、エクセルで集計してその比率を確認しています。

そして、重要ではないⅢとⅣに費やした時間が長かったならば、何に使ったのか、なぜ長くなったのかを確認するとともに、どうすれば改善できるかまで考えて、翌週の課題にしています。

アプリを使わず手書きで記録している場合は、日次レビューシートを見ながら集計してもOKです。

③レビュー項目を埋める

時間の使い方を確認したあとは、ノートと先週分の日次レビューシートを見ながら、週次レビューシートに記載している振り返り項目に結果を記入していきます。

現在、私が振り返り項目として設定しているのは、日次レビューから「今日の出来事で感情的になったことはある?」を除いた次の7項目です。

・今週の大きな出来事TOP5

・今週学んだこと／気づき
・今週やったことで誇れること
・今週やったことで楽しかったこと
・今週やったことで特筆すべきこと／未来をラクにする仕事は何か
・今週のKPWAS
・総括

なお、ここに書いた項目は、この原稿を書いている2019年11月時点のものです。振り返りをしてPDCAを回すと同時に、振り返る項目についても、「このままでいいのか？」と点検しています。「成果・結果につながらないので、やっている意味がないのではないか？」

③レビュー項目を埋める

■週次レビューシート： 2019年12月01日～2019年12月07日

2019.12.08結果記入

■今週の大きな出来事TOP5
1. 3つのイベントに参加できた
2. 勉強会に仙台から参加してくれた人がいた
3. A-PJとh-PJ、2件の申請を準備…やっぱり2件重なるときつい
4. ○○が引っ越したいと言ったので、いっしょに××のマンションを探してみた
5. 現場打ち合わせのあと、みんなで飲んで帰った

■今週学んだこと／気づき
仕事はやることないなーと思っていても、ちょうどいいくらいの作業が発生する？
最低、5時間の睡眠が必要⇒それ以下だと翌日は頭が働かない
やっぱりNET SHOPで探し物をすると時間がかかる
やることがないと、ダラダラと薄ーい仕事をしてしまう ⇒ Ⅱの仕事を作らねば！
やっぱり、昼食に麺類を食べると体重が増えるようだ ⇒ 昼食の麺類は止めよう！

■今週やったことで誇れること／自分を褒めたくなること
イベントにに参加する！ と決めて、その時間までに仕事を終わらせた
勉強会では自分のことを話し過ぎず、相手のことをゆっくり聞いて対応できた
週次レビューが1.5hrで終わった ⇒ 毎回、これくらいの時間で終わらせる！！
計算間違いに気づいてすぐに関係者に報告し、対応できた
○○の注文は悩まず、さくっと購入できた
眠くなりそうな時間帯に、眠くならない作業を意識的に入れた

■今週やったことで楽しかったこと
イベント参加～交流会・懇親会で仕事以外の人と交流できたこと
勉強会開催…やっぱり人と話すのは好きだし楽しい^^
「○○○」についてのアイデアひらめいた ⇒ いいアイデアが出ると楽しいんだなー
休日や平日の夕食後、家で家族といっしょにのんびりしているとき

■今週やったことで特筆すべきこと／未来をラクにする仕事はなにか？
100通以上溜まってた未読・未処理メールのほとんどを処理できた
勉強会開催＆レビューシート他のExcelデータを渡した
同じ『PDCA手帳術』という本が発売された ⇒ おかげで？ 自分の本も売れてる？
Google Search Console にサイトマップを登録した

■今週のKPWAS（Keep, Probrem, Why, Ajust, Stop）
K, W, A, Sは翌週ページに課題として記載
P: 買い物行く時間を見込んでなかったので掃除する時間が取れなかった
　ネットショップで物を選ぶのに時間がかかりすぎた
　ちょこちょこ声かけられて作業が中断

■総括
今週もずっと、目がしばしばして眠いって感じだった
水曜までは2件の申請準備他に追われたけど、木金は落ち着いて仕事ができた
結婚記念日に買ってきたケーキの写真が○○のプロフィール写真になってた^^

このように思った項目は試しに削除してみたり、新しい項目を追加してみるなどの見直しをしています。

日次レビューや週次レビューに限らず、どんなことでも「書く」ということは、その分の時間を使っているということです。そこに投下した時間にふさわしい成果が得られないのであれば、その時間はムダに使ったことになってしまいます。

ですから、その時間の使い方に意味があるのか、ないのかも確認する必要があるのです。

④今週の計画や課題に結果を記入する

日次レビューシートを見返したあとは、先週のレビュー時に立てた計画や課題が達成できたのかどうかを確認して結果を記入します。

どんな課題を設定しているのかは、次の⑤で紹介します。

⑤来週の課題設定や計画を立てる

④までで振り返りは終わりました。

④今週の計画や課題に結果を記入

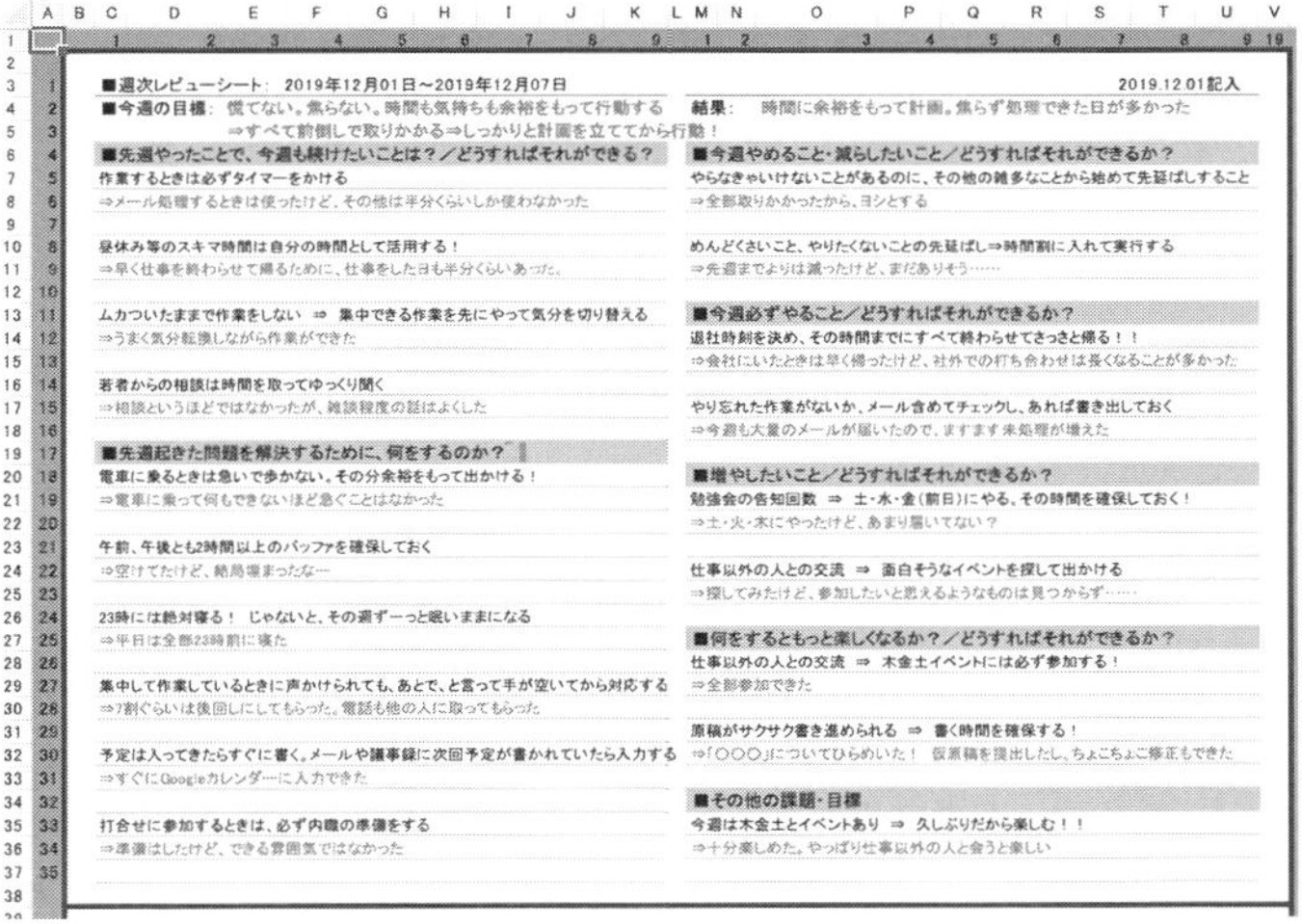

■週次レビューシート: 2019年12月01日～2019年12月07日　2019.12.01記入

■今週の目標: 慌てない。焦らない。時間も気持ちも余裕をもって行動する
⇒すべて前倒しで取りかかる⇒しっかりと計画を立ててから行動！

結果: 時間に余裕をもって計画。焦らず処理できた日が多かった

■先週やったことで、今週も続けたいことは？／どうすればそれができる？

作業するときは必ずタイマーをかける
⇒メール処理するときは使ったけど、その他は半分くらいしか使わなかった

昼休み等のスキマ時間は自分の時間として活用する！
⇒早く仕事を終わらせて帰るために、仕事をした日も半分くらいあった。

ムカついたままで作業をしない ⇒ 集中できる作業を先にやって気分を切り替える
⇒うまく気分転換しながら作業ができた

若者からの相談は時間を取ってゆっくり聞く
⇒相談というほどではなかったが、雑談程度の話はよくした

■先週起きた問題を解決するために、何をするのか？

電車に乗るときは急いで歩かない。その分余裕をもって出かける！
⇒電車に乗って何もできないほど急ぐことはなかった

午前、午後とも2時間以上のバッファを確保しておく
⇒空けてたけど、結局埋まったな…

23時には絶対寝る！ じゃないと、その週ずーっと眠いままになる
⇒平日は全部23時前に寝た

集中して作業しているときに声かけられても、あとで、と言って手が空いてから対応する
⇒7割ぐらいは後回しにしてもらった。電話も他の人に取ってもらった

予定は入ってきたらすぐに書く。メールや議事録に次回予定が書かれていたら入力する
⇒すぐにGoogleカレンダーに入力できた

打合せに参加するときは、必ず内職の準備をする
⇒準備はしたけど、できる雰囲気ではなかった

■今週やめること・減らしたいこと／どうすればそれができるか？

やらなきゃいけないことがあるのに、その他の雑多なことから始めて先延ばしすること
⇒全部取りかかったから、ヨシとする

めんどくさいこと、やりたくないことの先延ばし⇒時間割に入れて実行する
⇒先週までよりは減ったけど、まだありそう……

■今週必ずやること／どうすればそれができるか？

退社時刻を決め、その時間までにすべて終わらせてさっさと帰る！！
⇒会社にいたときは早く帰ったけど、社外での打ち合わせは長くなることが多かった

やり忘れた作業がないか、メール含めてチェックし、あれば書き出しておく
⇒今週も大量のメールが届いたので、ますます未処理が増えた

■増やしたいこと／どうすればそれができるか？

勉強会の告知回数 ⇒ 土・水・金(前日)にやる。その時間を確保しておく！
⇒土・火・木にやったけど、あまり届いてない？

仕事以外の人との交流 ⇒ 面白そうなイベントを探して出かける
⇒探してみたけど、参加したいと思えるようなものは見つからず……

■何をするともっと楽しくなるか？／どうすればそれができるか？

仕事以外の人との交流 ⇒ 木金土イベントには必ず参加する！
⇒全部参加できた

原稿がサクサク書き進められる ⇒ 書く時間を確保する！
⇒「○○○」についてひらめいた！ 仮原稿を提出したし、ちょこちょこ修正もできた

■その他の課題・目標

今週は木金土とイベントあり ⇒ 久しぶりだから楽しむ！！
⇒十分楽しめた。やっぱり仕事以外の人と会うと楽しい

レビューする項目

- 先週やったことで今週も続けたいことは？
- 先週起きた問題を解決するために何をするのか？
- 今週やめること・減らしたいこと
- 今週必ずやること
- 増やしたいこと
- 何をすると、もっと楽しくなるか？
- その他の課題・目標

次は、振り返った結果を踏まえて、来週以降、どんな行動をしていくのかを決めていきます。具体的には次の項目を書き出します。

・先週やったことで今週も続けたいことは？／どうすればそれができる？
・先週起きた問題を解決するために、何をするのか？／どうすればそれができるか？
・今週やめること・減らしたいこと／どうすればそれができるか？
・今週必ずやること／どうすればそれができるか？
・増やしたいこと／どうすればそれができるか？
・何をすればもっと楽しくなるか？／どうすればそれができるか？
・そのほかの課題・目標／どうすればそれができるか？

ここまで読んで、あなたも気づいたと思いますが、すべての項目に「どうすればそれができるか？」が入っています。

レビューについての最初の項目を思い出してください。

「レビューの目的はうまくいっていること・いっていないことを整理し、うまくいって

⑤来週の課題設定や計画を立てる

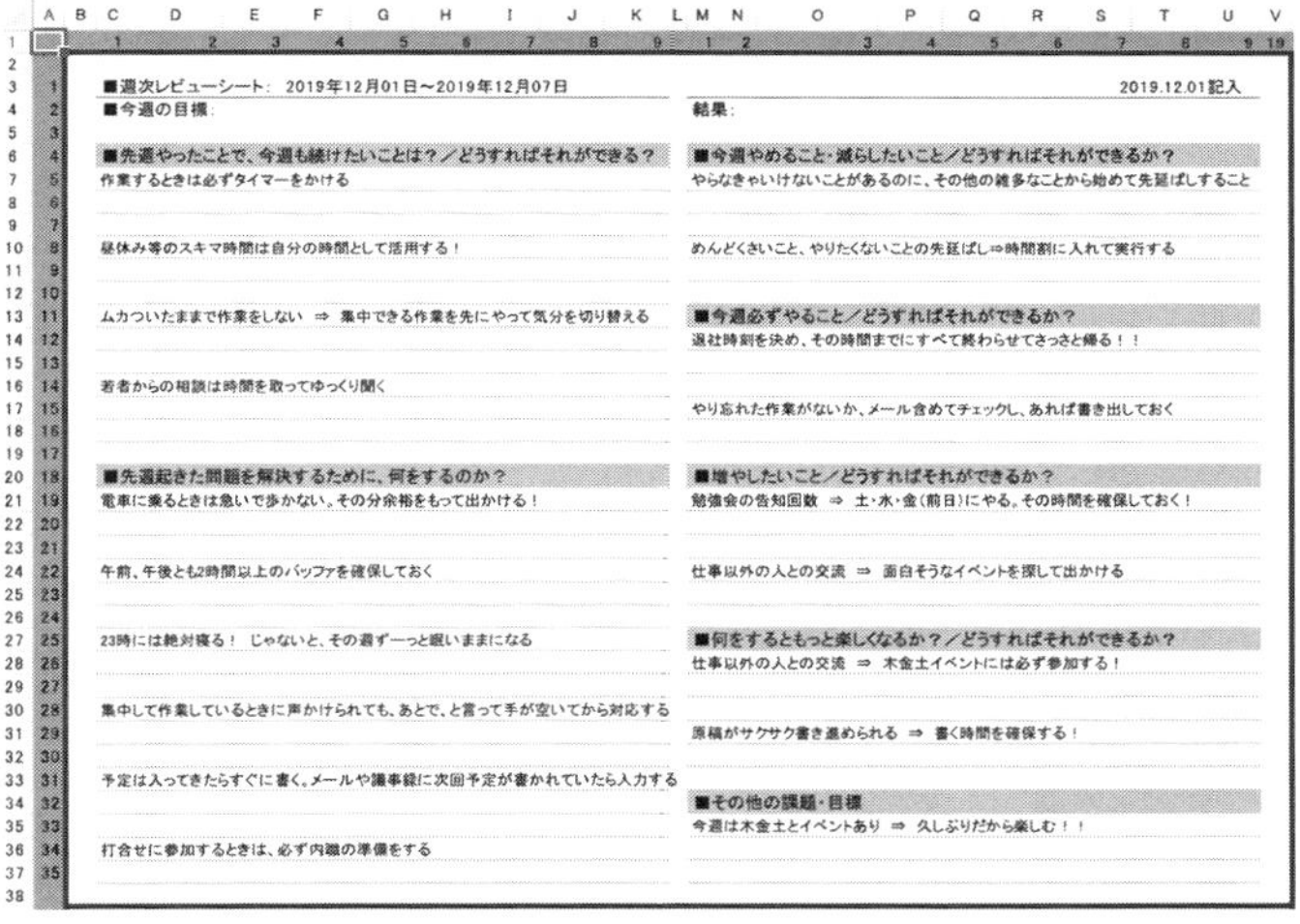

■週次レビューシート： 2019年12月01日～2019年12月07日　2019.12.01記入

■今週の目標：

結果：

■先週やったことで、今週も続けたいことは？／どうすればそれができる？

作業するときは必ずタイマーをかける

昼休み等のスキマ時間は自分の時間として活用する！

ムカついたままで作業をしない ⇒ 集中できる作業を先にやって気分を切り替える

若者からの相談は時間を取ってゆっくり聞く

■先週起きた問題を解決するために、何をするのか？

電車に乗るときは急いで歩かない。その分余裕をもって出かける！

午前、午後とも2時間以上のバッファを確保しておく

23時には絶対寝る！ じゃないと、その週ずーっと眠いままになる

集中して作業しているときに声かけられても、あとで、と言って手が空いてから対応する

予定は入ってきたらすぐに書く。メールや議事録に次回予定が書かれていたら入力する

打合せに参加するときは、必ず内職の準備をする

■今週やめること・減らしたいこと／どうすればそれができるか？

やらなきゃいけないことがあるのに、その他の雑多なことから始めて先延ばしすること

めんどくさいこと、やりたくないことの先延ばし⇒時間割に入れて実行する

■今週必ずやること／どうすればそれができるか？

退社時刻を決め、その時間までにすべて終わらせてさっさと帰る！！

やり忘れた作業がないか、メール含めてチェックし、あれば書き出しておく

■増やしたいこと／どうすればそれができるか？

勉強会の告知回数 ⇒ 土・水・金（前日）にやる。その時間を確保しておく！

仕事以外の人との交流 ⇒ 面白そうなイベントを探して出かける

■何をするともっと楽しくなるか？／どうすればそれができるか？

仕事以外の人との交流 ⇒ 木金土イベントには必ず参加する！

原稿がサクサク書き進められる ⇒ 書く時間を確保する！

■その他の課題・目標

今週は木金土とイベントあり ⇒ 久しぶりだから楽しむ！！

来週の課題

- 先週やったことで、今週も続けたいことは？
- 先週起きた問題を解決するために何をするのか？
- 今週やめること・減らしたいこと
- 今週必ずやること
- 増やしたいこと
- 何をすると、もっと楽しくなるか？
- その他の課題・目標

いることはもっとうまくやるにはどうすればいいのかを考え、うまくいっていないことは改善策や対策を考えること（154ページ参照）」

こう書きましたが、このように週次レビューシートに具体的に記載し確認することで、忘れないようにしているのです。

⑥習慣化チェックリストを確認する

振り返りの最後には、習慣にしたいことをまとめたチェックリストを確認します。

現在私が習慣にしたいと思っていることは「一日一新（毎日ひとつは新しいことをする）」「SNSへの投稿」「原稿書き」「妻を笑わせる」の4項目です。

1週間のうち何回できたのかを確認して、あまりできなかったときには、どうすればできるのかを考えて翌週の課題にすることもあります。

⑦来週のスケジュールを確認する

今週の振り返りが終わったら、次は来週の予定を確認します。来週のスケジュールをざっと眺めて、重要な打ち合わせや準備に時間がかかりそうな作業がないかを確認し、あれば予定が入っていない時間帯に作業予定として記入し、時間をブロックしておきます。

⑧来週の目標を設定する

①～⑤までの振り返りや⑥の課題、⑦の来週のスケジュールを踏まえて、来週1週間をどんな週にしたいのか、目標を設定し、週次レビューシートの一番上に目立つように赤で記入します。

このシートも書いて終わりではありません。そのほかの目標などと同じように読み返さなければ忘れてしまい、行動することができません。

ですから、私はこのシートはノートの最初のページに綴じるとともに、朝7時30分と昼休みが終わる直前の12時55分に「週次レビューシートを読み返す」というアラームを設定して忘れないようにしています。

⑧来週の目標設定

■週次レビューシート：　2019年12月01日～2019年12月07日
■今週の目標：　慌てない。焦らない。時間も気持ちも余裕をもって行動する　　結果：
⇒すべて前倒しで取りかかる⇒しっかりと計画を立ててから行動！
■先週やったことで、今週も続けたいことは？／どうすればそれができる？　■今週

週次レビューの最後には、来週1週間をどんな週にしたいのかを決めて、週次レビューシートの一番上に目立つように赤で記入する

第5章

思いつきを見える化する

01
ひらめきはチャンスの神様

「チャンスの神様には前髪しかない」

おそらくあなたも聞いたことがあるでしょう。

チャンスの神様が現れたときに、すぐつかもうとするか、もうちょっと待とうかと悩んでしまうことは、誰にでもあることです。

すぐにつかもうとした人は前髪をつかむことができ、チャンスをゲットすることができる一方で、もうちょっと待とうかと悩んでしまった人は、結局、チャンスをものにできません。

通り過ぎていこうとする神様の後ろ髪をつかもうとしても、チャンスの神様には後ろ髪がないので、つかむことができずチャンスを逃してしまう。

この話は、そんなたとえ話です。

思いつきやひらめき、「あっ、そうだ！」と思ったこともチャンスの神様と同じです。ひらめいたときに、すぐに捕まえておかないと、すぐに通り過ぎて消え去ってしまいます。

どうやって捕まえるのか？

それは**すぐ書く**ことです。

この章では、そんなチャンスの神様の捕まえ方、つまり思いつきやひらめき、日々の気づきなどを記録して見える化し、未来に活かす方法を紹介していきます。

02

メモは忘れるために書く

ひらめきはチャンスの神様だから、すぐに捕まえましょう、書き留めましょうと書きました。

では、書き留めたあとはどうすればいいのか？

それは、どこに書いたのかだけを覚えておき、何を書いたのかなど、そのほかのことは忘れてしまうことです。

「覚えておく」ということは、頭の中で思い出す作業を繰り返すということですが、脳は同時に2つのことを処理することができません。同時にやっているように思えるけれども実際には、AからB、BからAと切り替えながら作業をしているだけです。

このようなことをしていては、目の前のことに集中できるはずがありません。集中できなければ、効率よく処理できるはずもありません。

ですから、ひらめいたらすぐにメモする。メモし終えたら、記録した場所だけ覚えて、そのほかのことは忘れて、さっさと元の作業に戻りましょう。

「記憶力」を高めるのには時間もかかりますし、努力も必要です。けれども「記録力」はすぐに高めることができます。

面倒くさがらず「これくらい大丈夫だろう」と思われるような些細なこともすぐにメモする、**記憶より記録**に頼る習慣を身につけましょう。

03

「外メモ」と「内メモ」

私がこの「外メモ」と「内メモ」という言葉と考え方を知ったのは、鈴木真理子さんの著書『仕事のミスが激減する「手帳」「メモ」「ノート」術』（明日香出版社）を読んだときです。

とてもいい分類だと思いましたし、この本を読んだあと、私も「内メモ」と「外メモ」で分けるようになりましたので、本書でも紹介します。

「外メモ」とは、外から入ってくる情報や、他人に言われたことで、行動やアウトプットを忘れないように書き留めるメモのことです。

例としては、

・上司の指示を聞きながらメモする
・電話を受けながらメモする

などがありますが、これらに共通することは、「〇〇しながらメモする」ということです。外メモはモレや忘れをなくすための基本中の基本ですから、人の話を聞くときは必ずメモするようにしましょう。

一方、**「内メモ」**とは、自分の内側から出てきた考えやアイデア、ひらめき、思いつきを書き出すメモのことです。

どんなにいいアイデアでも頭の中に浮かんだことをそのままにしておくと、すぐに忘れてしまいます。

ふと思いついたひらめきがヒット商品化する事例もよく聞きますし、そんなひらめきをそのままにしておくのは、宝の持ち腐れです。

見える化すれば、単なる思いつきから価値ある仕事に変わる可能性がありますので、価値のタネはしっかりとストックしておきましょう。

「外メモ」も「内メモ」も、どちらも見える化しておかないと、あとになって「あっ！」と困る状況に陥る可能性があります。そうならないよう、すぐに書くようにしましょう。

04

メモ帳とペンはいつも持ち歩く

メモするための必需品といえばペンです。メモ帳はなければ、その辺の紙切れや最悪の場合には自分の手に書くこともできますが(笑)、ペンがなければ書くことはできません。ですから、ペンはいつも持ち歩き、すぐに書ける状態にしておきましょう。

もちろん、上司に急に呼ばれたときにも、メモ帳とペンは必ず持って行くようにします。

このとき、メモを取るメリットは2つあります。ひとつは言われたことを忘れないというメモ本来の目的ですが、もう一つは上司に**やる気を見せる**ためです。

メモを取らずに、ふんふんと聞いているだけの相手に対しては、「任せて大丈夫かな?」と不安な気持ちになるものです。

一方、しっかりとメモを取りながら聞いている相手にはやる気を感じるし、安心感も持てるものです。当然、信頼もされることでしょう。

ですから、上司やお客様の話を聞くときには自分の**好感度を上げる**意味でも、きちんとメモを取るようにしてください。

そんな大事なメモですから、メモ帳の残りは定期的にチェックして、使い切りそうになったら早めに予備を用意しておきましょう。

書きたいときに書けなかったり、スペースがないからといって、書く量を制限したりするのもストレスになりますので、メモ帳の準備は怠りなく！

おすすめのメモ帳

ロルバーン
ポケット付メモミニ

ロルバーン
ポケット付メモ縦型ミニ

LIHIT LAB
ツイストノート（メモサイズ）

ロルバーンのメモ帳はミシン目が入っているので簡単に切り取れる。

また、クリアポケットが付属しているので、切り取ったメモを保管できる。

リヒトラブのツイストノートシリーズは、開閉式のとじ具を採用しているため、用紙の入れ替えや並べ替えも容易。

どのメモ帳も全面5mm方眼を採用しており、書きやすい。

05 ペンはノック式のマルチカラーがお勧め

お勧めは3色以上のノック式のペンです。ノック式はふたを外す必要がないので、すぐに書き始められます。ふたをなくす心配もありません。

メモはひらめいたらすぐに書かなければ忘れてしまいますので、書き始められるまでのスピードが命です。その点でも、すぐに書き始められるノック式のペンがお勧めなのです。

また、1本に黒・赤・青など複数の色が入ったマルチカラーのペンを使えば、色の切り替えもすぐにできます。カチカチと色を切り替えることで気分も変えられるという効果もあります。

ちなみに私は、どんなことを書くときにも、仕事関連は青、プライベートは緑と決めていますので、仕事からプライベート、プライベートから仕事へと書き替えるときには、カチカチと親指一本で色を変えて書いています。

もしこれを単色の、それもふたがついたペンを使っていたとするならば、色を変えるたびにペンを持ち替えなければなりません。持ち替えるのが面倒だからっと同じ色で書いていたら、仕事とプライベートがぐちゃぐちゃになった見辛いメモになってしまいます。

そうならないためにも、簡単に色を切り替えられるノック式でマルチカラーのペンを使うことをお勧めします。

なお私は、ジェットストリーム4&1という黒・赤・青・緑の4色のボールペンとシャープペンシルが一体となったペンを愛用しています。

仕事のときはいつもシャツの胸ポケットに差していますし、休みの日に外出するときにも、カバンのすぐ取り出せるポケットにメモ帳といっしょに入れて持ち歩いています。

おすすめのペン

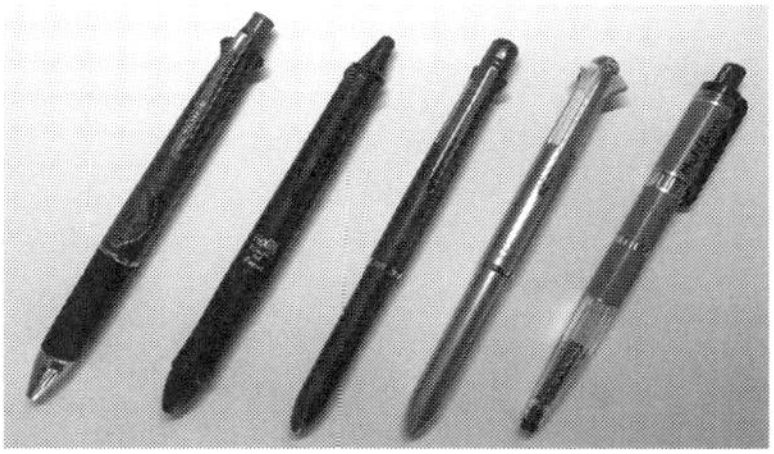

おすすめは3色以上のノック式
・ふたを外す必要がないからすぐに書き始められる
・ふたをなくす心配がない
・マルチカラーなら色の切り替えもすぐにできる
・カチカチと色を切り替えることで気分も変わる
など、単色のペンを複数本使い分けるのに比べてメリットが多い

06

書くと読み直すはセット

メモは書いておしまいではありません。先ほども書いたようにメモは脳の外部記憶装置ですから、あとで必ず読み返します。

日次レビューや週次レビューでやることの中に「メモを読み返して整理する」というタスクを入れておいてもいいかもしれません。そのとき､内容が似たもの同士をまとめたり、過去に書いたメモを読み返してもいいでしょう。

過去のメモを読み返していると、新たな気づきが生まれることも少なくありません。そのようなひらめきも追記できるように、メモを最初に書くときには十分な余白を空けておきます。

もし、何もひらめくことがなく、そのまま捨てるようになったとしても、メモ用紙のコストはやむを得ないと考えます。それよりも、せっかく思いついたアイデアやひらめきが記録できずに消えてしまうほうがもったいないのです。

メモは読み返すことが大事

書く → 読み返す → 整理する 追記する

必ずこの流れは忘れないように！

タスクリスト

メモを読み返して整理する

タスクリストに入れてみる

07

1ページ1テーマ

いろんなことを1枚のメモに書くとごちゃごちゃで、どこに何が書いてあるのかがわからなくなります。

また、1ページに複数のことを書いてしまうと、あとで見返したときに必要な部分と不要な部分が混在することにもなります。不要な情報はさっさと捨ててしまったほうがいいのですが、その中に必要な情報が混ざっているといつまでも捨てられません。捨てていい情報まで残っているメモを保管しておくのはスペースのムダにもなります。

ですから、余白がたっぷりできてしまったとしても、メモは1ページに1テーマしか書かないことを基本にします。

もしあとで見返したときに追記することなく処分したとしても、メモ用紙1枚のコストは微々たるものです。それよりも思考を妨げたりアイデアが出にくくなるほうが問題ですので、気にせず贅沢に使いましょう。

1ページ1テーマ

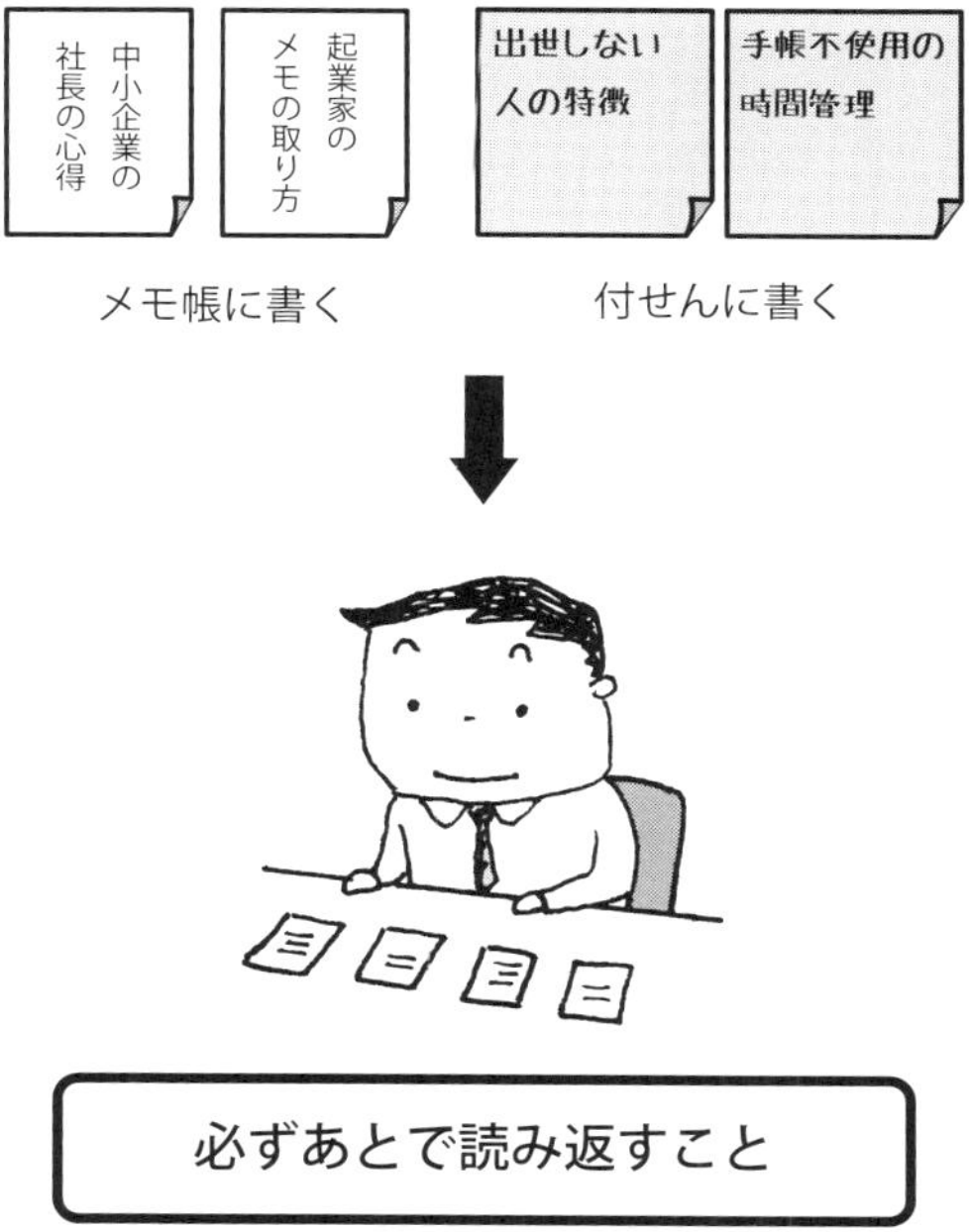
中小企業の社長の心得
起業家のメモの取り方
出世しない人の特徴
手帳不使用の時間管理
メモ帳に書く
付せんに書く
必ずあとで読み返すこと

08 メモは寝かせて熟成させる

思いついたときには、すごくいいアイデアだと思ったけれど、あとになって読み返してみると、大したアイデアではなかったと思うことも少なくありません。

それとは逆に「たいしたことはないなー、メモしておくほどのことではないかもしれない」とは思ったけれどもメモしておいてよかったと思うときもあります。

あとで読み返したらすごく役に立ったり、ほかのアイデアと組み合わせることで、もっと使えるアイデアになることもあります。

ひらめいたことが使えるか使えないかは、その瞬間にはまだわかりません。

ですから、使えるか、使えないかは考えず、とにかくメモしておく（記録しておく）ことを心がけてください。そして、少し時間をおいて見返すことと併せて習慣にしてください。

メモは一時保存してから整理する

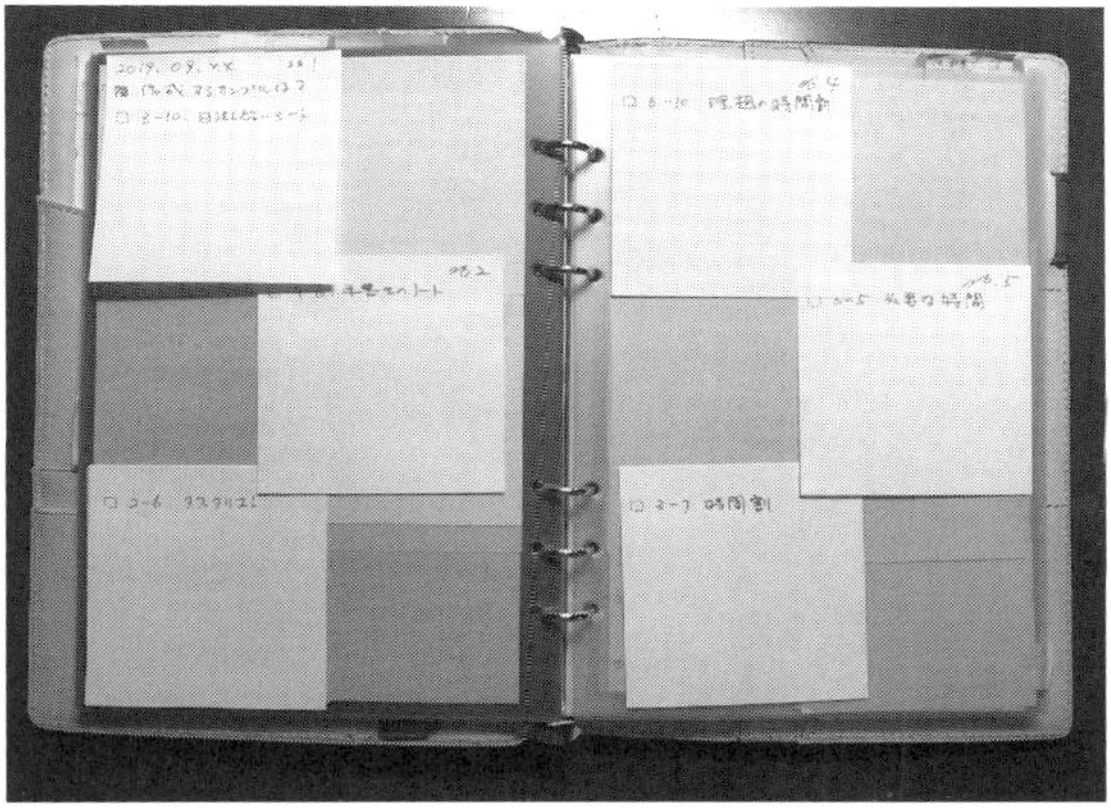

十分な余白をとったまま
一時保存する

↓

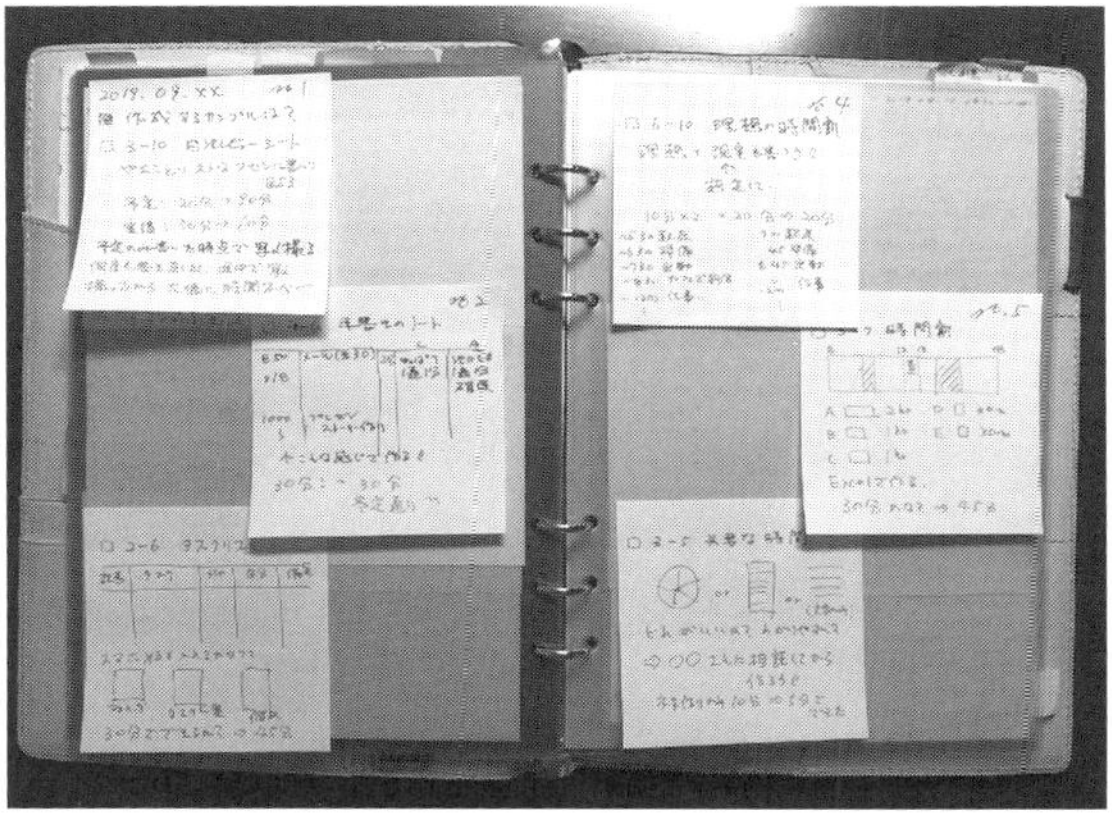

読み返して追記

09 母艦ノートと付せんを活用する

メモ帳は、それだけでは複数のメモを同時に見返すことができませんので、複数枚のメモを一覧できる大きなノートなどに貼り付けて保管します。そして、ときどきストックした付せんを机の上などに広げて一覧し、整理し直しましょう。そうすることで、複数のアイデアを組み合わせた新たなアイデアが生まれることもあるからです。

ちなみに私は母艦にしているシステム手帳にクリアファイルをA5サイズに切って、穴をあけて綴じ込み、メモの一時保管場所として使うとともに、メモ同士が重ならないように貼り付けて一覧で読み返せるようにしています。

以前はメモ用には普通のメモ帳を使っていて、書き終えたページだけを切り取り、テープノリやマスキングテープでノートに貼り付けていました。

しかし、「毎回同じ作業をするのは面倒だな」と考えて気づいたのが、付せんを使う方法です。

付せんはすぐにペタッと貼り付けられるので、手間も時間も省けて便利になりました。

私はシステム手帳を使っているので、メモ専用の保管スペースを用意しましたが、普通の綴じノートを使っている場合には、ノートの後ろのページからメモを貼っていき、ノートを使い切ったタイミングでメモも見返して整理してもいいでしょう。

自分が使っている道具に合わせていろいろと工夫しながら試してみてください。

母艦ノートと付せんを活用する

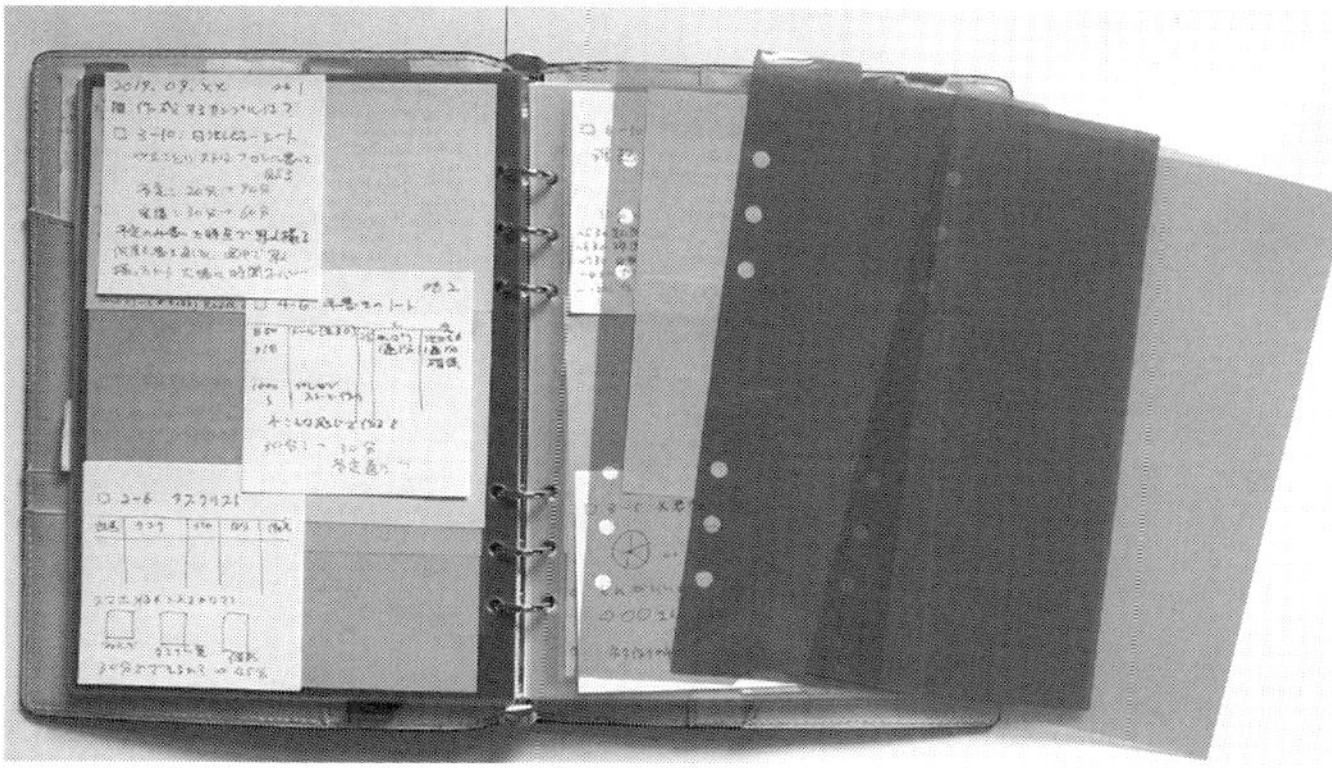

母艦ノートに貼り付けて整理する！

10 付せんメモ帳の作り方

付せんの束をそのまま持ち歩いてもいいのですが、子供が憧れるカッコイイオヤジを目指している私としては（笑）、人に見られる持ち物にも少しぐらいは気を使いたいところ。それまで使っていたメモ帳のカバーを付せんの保管場所に加工して使っています。

作り方はとても簡単なので、ここで紹介します。

「どんな加工をしたのか」というと、もともとついていたメモ帳のサイズに合わせてクリアフォルダを切って、折って、刺し込んだだけ。加工と大げさに言うほどのことではないかもしれませんね。

このとき私は、3枚のシートを刺していますが、2枚は新品付せんのストック用として何も書いていない複数の色・サイズの付せんを貼り付けています。残りの1枚は書き終わった付せんの仮置きスペースにしています。

付せんメモ帳の作り方

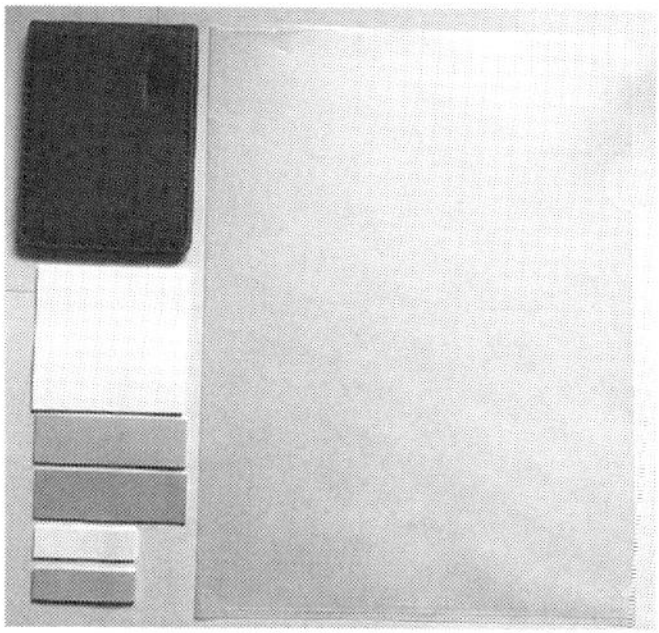

用意するものは
・メモ帳カバー
・クリアホルダー
・付せん

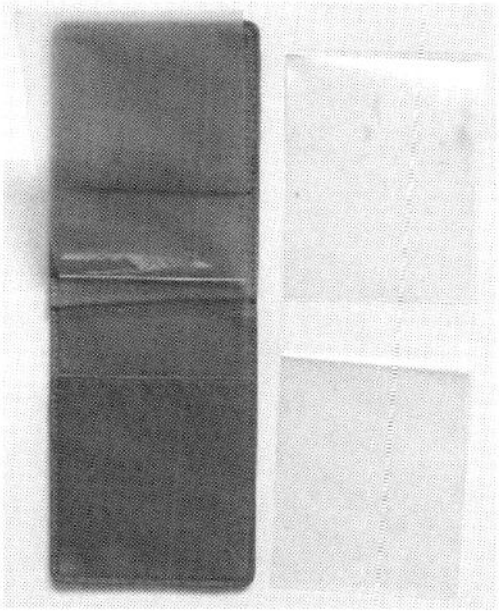

作り方は簡単！
クリアホルダーを
メモ帳カバーに合わせて
カットし、折って刺し込む

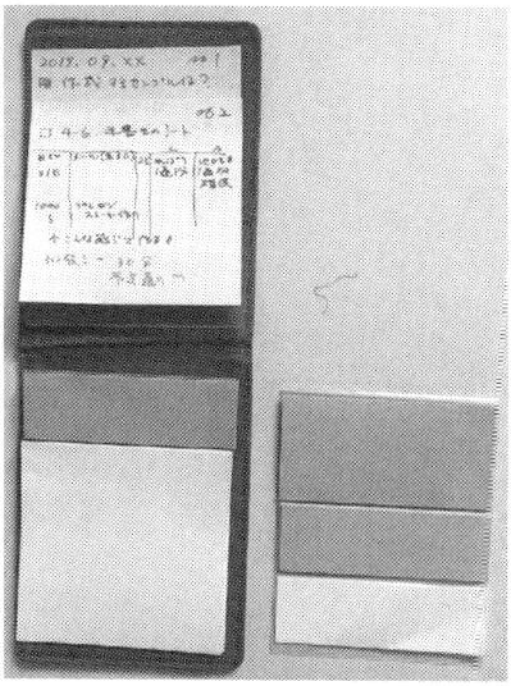

上の１枚は記入済み付せんの
保管場所として
下の２枚は新しい付せんの
ストック用として使っている

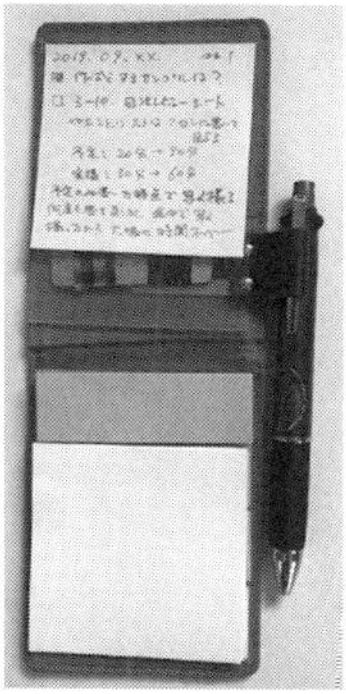

ペンホルダーを取り付けたり、
マスキングテープや絆創膏も
入れている

第6章

夢や目標を見える化する

01

「やる気スイッチ」は自分で押す

この本もいよいよ最終章になりましたが、実は最初にやってほしいことはこれから書いていく夢や目標の見える化なのです。

「なぜ、夢や目標の見える化から取り組んだほうがいいのか？」

それは、**夢や目標があるから行動できる**からです。

旅行に行くときのことを考えてみてください。

行きたいところがあるのなら、そこまでどういうルートで行くのかを考えますよね？

立ち寄りたい場所が複数あるのなら、まずAに行って、次はBで最後がCなど、行く順番も考えます。つまり、目的地があるからルートや行動が決まるのです。

仕事に限らず、日々の行動も、これと同じです。

たどり着きたい場所、つまり夢や目標があるから、そこに行くためには何をすればいいのかを考えて、行動に移すことができるのです。

仕事を効率的にこなしたからといって、残業が減るわけではありません。しかし、目標を達成するためには必ず行動をしなければなりませんし、そのための時間も必要です。その時間を捻出するためには残業をしている暇はありませんので、結果として残業が減っていくのです。

ですから、仕事の効率化、生産性向上、時短、夢・目標は関係がないわけではありません。関係ないどころか、達成したい夢や目標がないから残業が減らないといってもいいくらいです。効率化も時短も、理想の自分に近づく手段にしかすぎないのですから、自分が本当は**何をしたいのか、どうなりたいのか**を探り出してほしいと思っています。

夢や目標は、行動するためのガソリンでありエンジンです。どこかの塾のＣＭにありましたが「**やる気スイッチ**」になるのも夢や目標です。ですから、最初に夢や目標を見える化してほしいのです。

02 目標とは何か？

それでは、「目標」とは、いったいどのようなものなのでしょうか？

私は「いつまでに達成する」という期限があり、なおかつ達成可能な理想の姿と考えています。

たしかに、夢や目標は理想の姿、たどり着きたい場所ですが、期限がない夢や目標は、ただの願望であり、妄想に過ぎません。

「本気でやりたい、叶えたい！」と思えないようなものは、夢でも目標でもありません。

しかし、心から手に入れたいと思う目標は、行動を促すやる気スイッチであり、行動するためのエンジンやガソリンになります。「こうなりたい、○○をやりたい！」と本気で思うから行動できる、いや、**自然と行動したくなる**のです。

もし、叶えたい夢や目標があるなら、まず書き出すことをお勧めします。

「いやいや、書かないと忘れてしまうものは、本当の夢じゃない、本当にやりたいことなら忘れるはずがない」

こういう人もいらっしゃいますが、夢や目標は忘れるから書いておくのではありません。やる気スイッチを入れるために書き出して、見るのです。

実際、私は見るたびに〝こうなりたい〟〝こんな未来を手に入れたい〟と行動のエンジンに火がともります。

03

最高の自分の姿を「見える化」する

前章までは、やらなければならないことや予定など、ハッキリ言って「つまらない」と思えるようなことを見える化してきました。

しかし、ここからは少しだけ、考えるだけで楽しくなることやワクワクすることを見える化していきましょう。

まず初めに、**「こうなったら最高！」**と思える未来のワンシーンをイメージしてみてください。どんな映像が浮かんできましたか？

ひとりで何かにもくもくと打ち込んでいる姿でしょうか？

それとも、家族や友人といっしょに何かをしているところでしょうか？

あるいは、大勢の人を相手に何かをしているところでしょうか？

最近は「夢がない」と悩んでいる若者が多いと聞きます。

もちろん、壮大な夢でもいいですし、アイドルのように可愛い女性とデートしたいというものでもかまいません。何かしら今よりいい未来をイメージするのです。

私は、まだ自分の勉強会を始める前だった2015年の年始に「なりたい最高の自分を想像してみた」というブログ記事の中にこんなことを書いていました。


〝なりたい最高の自分、理想の自分の姿を想像（妄想？）してみたら、考える間もなく、すぐに「大勢の人の前で楽しそうに話をしている姿」が浮かんできた。

それも、某歌合戦が開催される会場や玉ねぎが載った○○館のような巨大な場所で話をしている姿だった。〟


なぜ、こんなことを想像（妄想）したのか、その理由は今でもわかりません。

おそらく、自分が鬱になったから「自分と同じ目に遭う人をなくしたい」「なくすことはできなくても1人でもいいから減らしたい」という想いがあったからではないかと思っています。

その気持ちは今でも変わっていません。変わっていないから、自分の経験が少しでもほかの人のお役に立つのならと思い、今でも勉強会は続けています。

また、こうして本も書いています。

それは、「鬱になる人を1人でも減らしたい」と思うと、自然とやる気が出てくるからです。

「千人を超えるような大勢の前で話をするなんて夢のまた夢」

そう思われるかもしれません。

たしかに、今の私にはそんなに大勢の人を集められる力はないでしょう。

しかし、それでも今はかまわないのです。

「そうなりたい！」と心から願うから、一歩で

もそこに近づくためには、「今何ができるのか、何をすればいいのか？」を一生懸命に考えるようになります。

だから、自分で「やる気スイッチ」を押すことができるし、失敗するかしないかなど考えることなく、試してみることができる、というよりも自然とやりたくなってしまうのです。

04 ビジョンマップを作る

なりたい最高の自分の姿はイメージできましたか？

中にはいくつも思いついた人もいるかもしれませんね。そんな人は、忘れないようにリストにまとめておこうと思うかもしれませんが、その前にやっておいたほうがいいことがありますので、もう少し待ってください。

まだ見つからないという人も、これをやれば気づけるかもしれませんので、こちらを先にやってみましょう。

何をするのか、というと〝**ビジョンマップ**〟を作ってみるのです。

「ビジョンマップって何？」と思った人もいらっしゃるかもしれませんね。

簡単に説明すると、ビジョンマップとは、叶えたい夢や願望・目標などを絵や写真・文字でビジュアル的に表現したもので、宝地図やビジョンボードと呼ばれることもあります。

ビジョンマップは潜在意識にインプットされやすいため、夢を叶えたり、自分が持つ願望を発見できる効果があると言われています。

ですから、夢や目標・願望達成のためにはぜひ作っておきたいものです。

とはいえ、私はビジョンマップ作りの専門家ではないので、簡単に作り方を紹介します。

ビジョンマップ作りに必要なものは

・台紙となるノートや画用紙、イラストボードなど
・ハサミやカッター、のり
・叶えたい夢や願いのイメージ写真や雑誌の切り抜き

これだけなので、すぐに準備できそうですよね？

ここで一番大事なのが写真や雑誌の切り抜きを集めることです。自宅にあるものでもいいのですが、書店の雑誌コーナーに行って見てみるのもいいでしょう。

ファッション誌、旅行雑誌、ビジネス雑誌、あるいはスマホや家電などを取り上げたモノ雑誌など、可能であれば複数のジャンルに渡って用意できると、なおいいです。

さらに少し高級で普段は見ない、手が出せない商品が掲載された雑誌も眺めてみて、「こ

れいいな、ほしいな、行ってみたい、やってみたい！」と思ったものも集めておきます。

ビジョンマップに仕上げるときには、集めた雑誌のなかから、叶えたい夢や願いのイメージ写真を切り抜きます。そして、自分の「こうなったら最高！」と思える未来のワンシーンがイメージできる写真をペタペタと貼り付けて、最高の自分が集まったビジョンマップに仕上げていきます。

このときには、何の制限もかけないことが重要です。必要なお金も時間も十分にある前提で、イメージしただけでワクワクするような写真を集めて貼っていきます。

しかし、ビジョンマップは作っておしまいではありません。できあがったビジョンマップはすぐに目に入るところに置いておいて、1日に何度も眺めましょう。

そうすることで潜在意識に刷り込まれて叶いやすくなるとともに、「こういう未来を手に入れるためにやろう！」と自分のやる気スイッチを押すこともできるようになるからです。

ですから、私は手帳の最初のページにも貼っています。コピーしてあちこちに置いておいてもいいでしょう。

ビジョンマップを作る

ビジョンマップ

こうなったら最高！
と思える最高のワンシーンをいくつも思い浮かべて、
それがイメージできる写真をペタペタと貼り付けて、
最高の自分が集まったビジョンマップを作ってみよう！

05 やりたいことを記録する

ビジョンマップができたら、次はやりたいことリストを作ります。

先ほど、「いくつものなりたい最高の自分の姿がイメージできたとしても、リストにまとめるのは、もう少し待ってください」と書きました。

その理由は、先にリストを作ってしまうと、自由な発想ができないためイメージが広がりきらず、こぢんまりとまとまったビジョンマップになってしまう恐れがあるからです。リストに書いた写真だけを探そうとしてしまいがちになります。それでは心からワクワクすることができません。

ですから、まずはワクワクする未来をイメージしてビジョンマップを作り、それから、具体的なことをリストに書き込むようにしてください。

ビジュアルでイメージするのが先で、あとから言葉に変換する。この順番は必ず守ってください。

やりたいことリストには、ビジョンマップに貼りつけたような大きな夢や目標だけでなく、やろうと思えばすぐにできそうなのに先延ばしにしてしまっているようなことも入れてかまいません。とにかく100個以上書き出してみましょう。

「100個くらい簡単に出てくるだろう」

そう思われるかもしれませんが、実際にやってみるとなかなか出てこないものです。私は30個ぐらいで行き詰まってしまいました。

しかし、出なくなってから無理やりにひねり出したものの中に、本当にやりたいことがあるといわれることもあります。

なかなか出なくなってきたら、子供のころほしかったものや憧れたこと、なりたかった職業なども思い出してみてください。何か思いつくことはありませんか？

それでも出てこなくなってしまったり、今は時間がないのなら、あらためて時間をとってもかまいません。

また、のちほど紹介する人生の柱ごとに考えると、思いつきやすいかもしれませんので、まだ、100個書き出せていない人は、そちらを読んでから再び書き出してもかまいません。必ず100個ひねり出してくださいね。

そのときに気をつけてほしいのは、○○しない、XXをやめるなど、否定形では書かないことです。否定形では、どうすればいいのか具体的な行動をイメージできません。「○○しない」ではなく、「○○の代わりにXXする」「○○になる」など肯定的な表現で書いてください。

やりたいことリストを作る

やりたいことリスト　やりたいこと、欲しいもの、行きたいところ、こうありたいと思うことを書いてみよう

	A B C	D E	F	H I	J K L	M
4			期限			期限
5	1	年に1回は海外旅行に行く	5年	36		
6	2	2か月に1回は国内旅行する	3年	37		
7	3	本を出版する	1年	38		
8	4	富士山に登る	3年	39		
9	5	テレビに出演する	3年	40		
10	6	手帳をプロデュースする	5年	41		
11	7	スカイダイビングする	5年	42		
12	8	バンジージャンプする	3年	43		
13	9	六本木の高層マンションに住む	5年	44		
14	10	自分の会社を持つ	5年	45		
15	11	母校で講演する	5年	46		
16	12	雑誌に連載を持つ	3年	47		
17	13	180度開脚ができるようになる	1年	48		
18	14	細マッチョな体型になる（体脂肪率12%以下）	3年	49		
19	15	1000人のコミュニティーを作る	3年	50		
20	16	オリジナル文具を作る	3年	51		
21	17	値札を見ないで買い物をする	5年	52		
22	18	宇宙旅行に行く	いつか	53		
23	19	オーダーシャツ・スーツを作る	1年	54		
24	20	80歳まで現役で働く	30年	55		
25	21	海外で講演する	10年	56		
26	22	英語で仕事をする	5年	57		
27	23	世界1周クルーズに行く	10年	58		
28	24			59		
29	25			60		
30	26			61		
31	27			62		
32				63		

最低 100 個は書く

出なくなってから無理やりにひねり出したものの中に本当にやりたいことがある。

出なくなってきたら、子供のころ欲しかったものや憧れたこと、なりたかった職業なども思い出してみる。

それでも出てこなくなってしまったり、そのとき時間がないのなら、あらためて時間をとって、がんばって 100 個はひねり出そう。

06

目標はバランスよく！

100個のやりたいことを書き出すことはできましたか？

書き出したら、ざっとでいいので、見返してみてください。お金や仕事に関することだけ、あるいは家族や友人など人間関係に関することだけなどに偏っていませんか？

人はお金があれば幸せになれるわけではありません。どんなにお金があってもパートナーシップや親子関係がうまくいっていなければ、幸せとは言えないでしょう。友達がいないのも寂しいですよね？

あるいは、身体が弱く入院ばかりしていたり、重篤な病気を患ってしまい余命6か月なんてことになってしまったら、いくらお金があっても幸せとは感じられないでしょう。

目標はひとつだけ叶えば、幸せになれるわけではありません。お金、仕事、家庭、人間関係、健康、時間などのバランスが大事です。

ですから、目標を立てるときにもバランスよく配分するように心がけましょう。

ライフサークルで確認してみよう

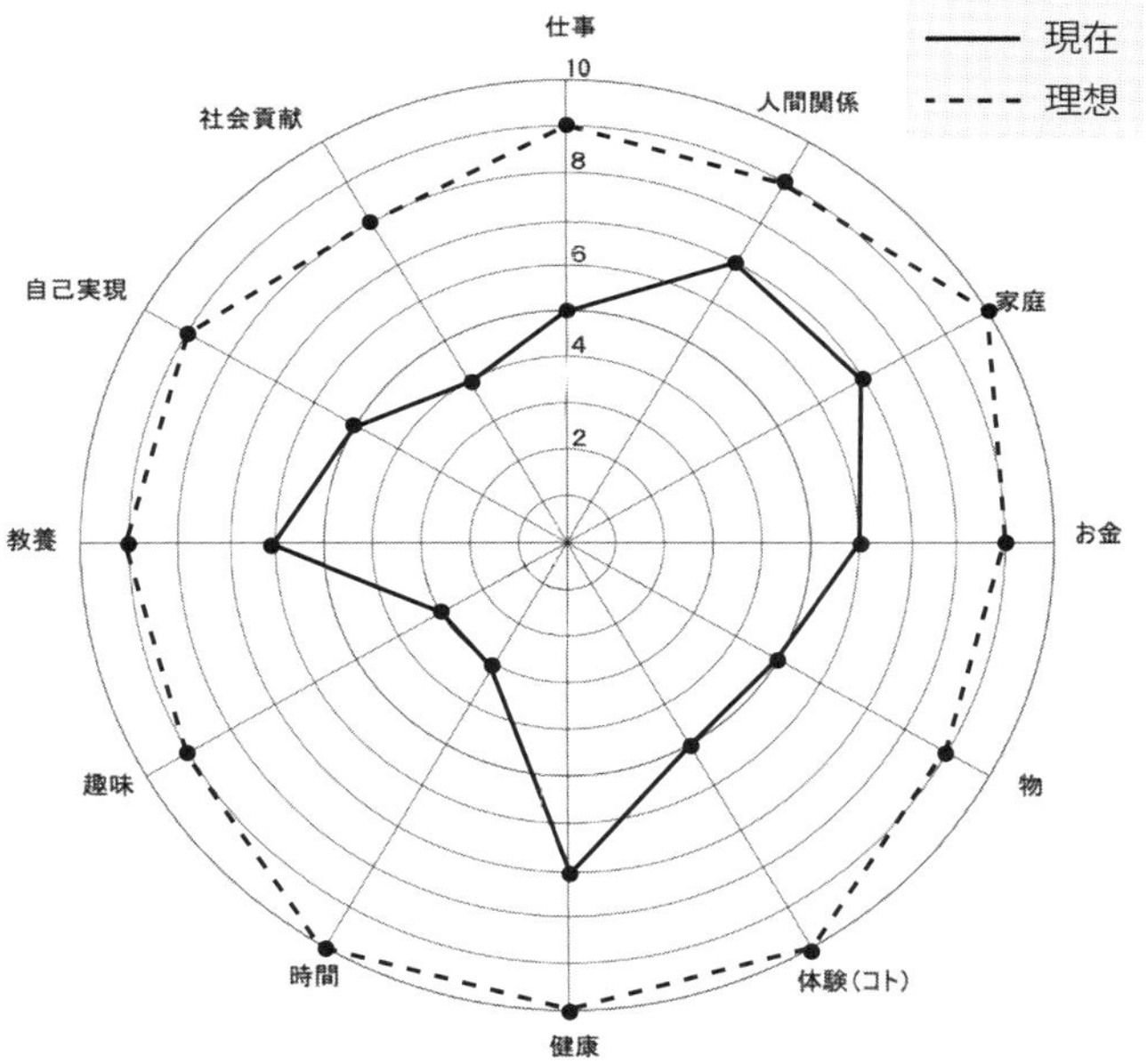

そのほかの価値観ワード

自由　責任　達成　権力
変化　効率　信用　信頼
勇気　好奇心　チャレンジ
安定　バランス　成長　地位
など、ほかにもたくさんあるので、
自分の価値観に合わせたライフサークルを描いてみよう

07 夢に日付を

やりたいことリストができたら、次はいつまでに達成したいのか、やりたいことの期限を決めましょう。

できるだけ早く、今すぐにでもやりたいことなのか？

1年以内に達成したいのか？

それとも生きている間にできればいいなというレベルなのか？

今の時点で思っていることをリストに追記します。

このときのポイントですが、やりたいことを記録するのと同様に、期限も深く考えず、思いついたことをそのまま書き出すことです。

「いつだったらできるかな？」と考えると、先延ばしするだけです。思いついたまま「○○までにやる！」と決め、それから「どうすればできるか」を考えます。

「いつかやってみたい！」

そう思っていても、〝いつか〟という日は決してやってきません。そのままでは「いつかやってみたい」と思っていることは夢・願望のままで終わってしまい、叶うことはないでしょう。

期限を入れることで**夢や願望が目標に変わる**のです。

08 目標はSMARTに「見える化」する

欲を言うと、目標は期限を決めるだけではなく、達成した状況が明確にわかり、途中の達成状態が測定できると、なおいいでしょう。そういう意味では、**数値化されていることが望ましい**です。

そして、この目標を「見える化」するのです。

よく「目標は紙に書くと達成される」といいますが、これはまさに「見える化」です。見える化するから、そこを目指して進むので叶いやすくなるということです。

つまり目標を見える化するときには、

・達成したときの状態が具体的で明確にわかり（Specific）

・途中の達成状況が測定できて（Measurable）

・当然、達成可能なものでなければなりません（Achievable）

・最高の自分の姿に近づけるもので（Relevant）
・期限が明確であること（Time-Bound）
がしっかり定まっていることが望ましいです。

そうです、SMARTの法則にしたがって立てることが望ましいのです。SMARTに立てた目標は、実際の行動ベースに落とし込みやすく、行動に対するモチベーションも維持しやすくなるので、達成しやすくなるからです。

目標はSMARTに！

- **S** Specific　具体的
- **M** Measurable　測定可能
- **A** Achievable　達成可能（※）
- **R** Relevant　価値感に沿った・現実的な
- **T** Time-Bound　時間の制約がある

（※）達成率60〜80%くらいが適切。それ以下だと、やる前からどうせ無理という気持ちになるし、簡単にできることだと、そもそも目標にならない。

09 大きな目標は小さく分解する

100のやりたいことリストに書いたことの中には、その気になればすぐにできそうなこともあれば、長い時間をかけて取り組まなければ達成できないものもあるでしょう。達成までに長い期間を必要とする目標のほとんどは、第2章で紹介した「プロジェクト」に該当することでしょう。

ですから、これらの目標もプロジェクトをタスクに分解したのと同じように、細かなタスクに分解して、ひとつずつコツコツと達成していく必要があります。

実は、タスクも目標もやり方は同じです。大きな塊のままでは取り組むことができません。

10年後→5年後→1年後→半年後→1か月後→1週間後→今日、そして、今、何をしなければならないのか、何ができるのかを逆算で考えながら分解して、ひとつずつ達成していきましょう。

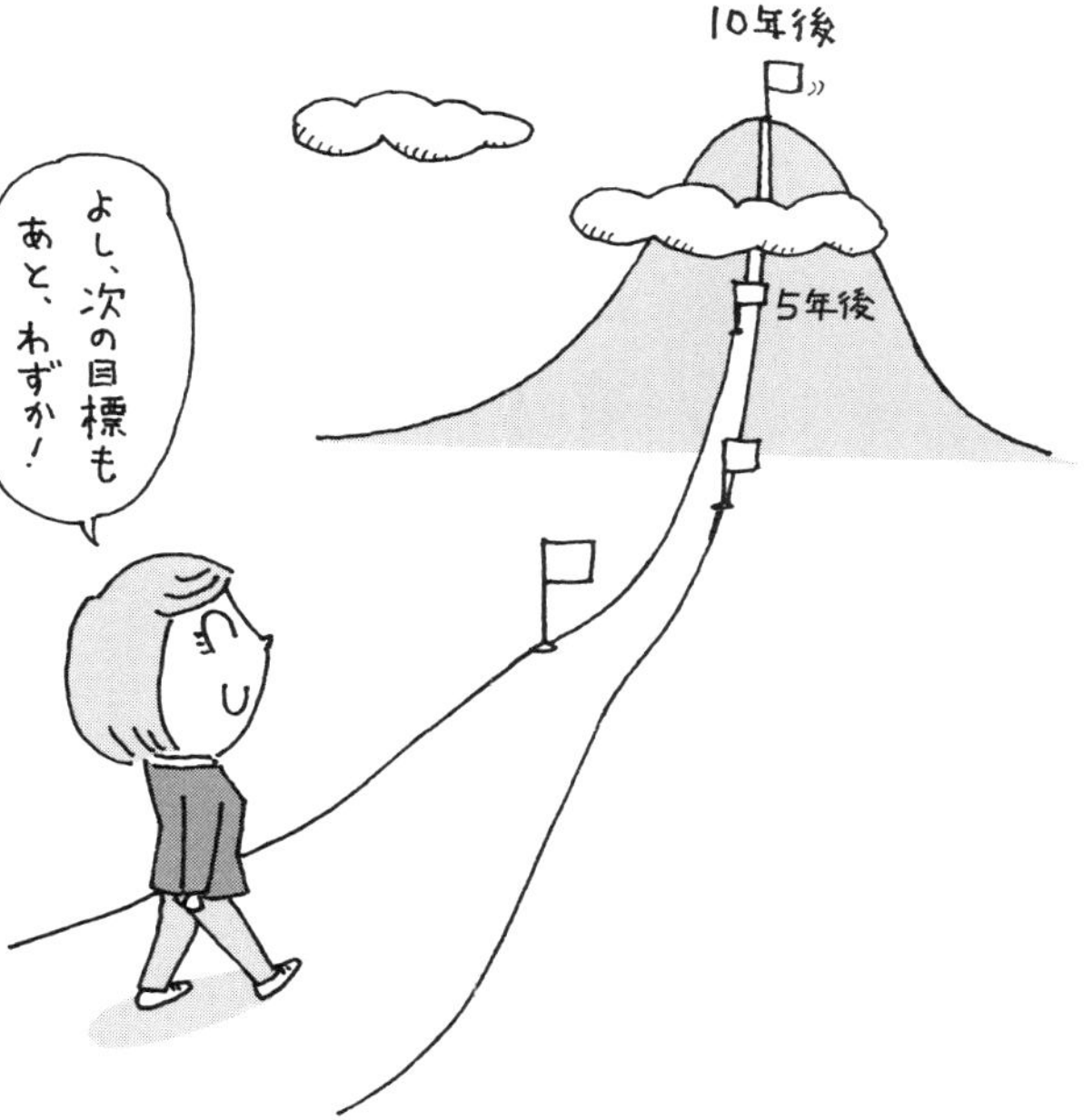
10年後
よし、次の目標も
あと、わずか！
5年後

10 理想の時間割を「見える化」する

大きな目標を、今日達成できる小さな行動まで分解したあと、実際に行動できるようにするために必要となるのが**「理想の時間割」**です。

あなたは、朝目覚めてから夜眠りにつくまで、どんな気分で目覚めて、どんなことを感じながら行動し、眠りにつきたいでしょうか？

「こんなふうに過ごせたら最高に幸せ」という理想の1日を妄想してみてください。

だれと、どんなところで、どんなことをして過ごしたいでしょうか？

1日の過ごし方として単にやることだけを書くのではなく、どんな気分で、どんな様子で誰と何をするか、自分にとっての理想の時間割を書いてみてください。

書けましたか？

理想の一日が書けたら、少しだけ現実に戻って実際の一日も書いてみましょう。行動ログをとっている人はログを見ながら、ログをとっていなければ「たぶんこんな感じで過ごしているはず」という内容でＯＫです。特定の一日でも、平均的なパターンを書くのでもかまいません。

さて、「理想の一日」と「現実の一日」には、どこにどんな差がありますか？

中には、こんなにギャップが大きいのなら、とうてい叶いそうにないと凹んでしまう人がいるかもしれませんが、その必要はありません。理想と現実のギャップを把握することが最初のステップなのです。理想がなければ、何をすればいいのかもわかりません。理想があって、それに近づこうとするから変われるのです。

ですから、時間割を作るときには、先ほど書き出した「今日、そして、今、何をしなければならないのか、何ができるのかまで分解したこと」を必ず入れるようにしてください。

「出版したい」と言っている人に、「そのために何をやっていますか？企画書を書いたり、出版社や編集者とつながったりしていますか？」と聞いて、驚かされることがあります。企画書どころか出版のテーマも決めていなかったり、出版社や編集者と知り合うきっかけを作る以前に1文字も原稿を書いていない、というのです。そのような状態で出版できると思っているのでしょうか？

本当に出版したいと思うのなら、書きたいテーマを書き出す、企画書のフォーマット事例を探す、出版社・編集者の人と出会える場所に出かける、何かチャンスはないかと探すなど、今すぐできることもいろいろとあるはずです。

目標はサンタクロースが持ってきてくれるプレゼントではありませんので、どんなにほしい、ほしいと言い続けても手に入ることはありません。本当に手に入れたければ、毎日コツコツと行動して自分で取りに行くしかないのです。

ですから本当にほしい未来を手に入れるために、今日何をするのか、何ができるのかを毎朝決めて、それを実行する時間を確保するようにしてください。**時間は自分で作り出すもの**です。

毎日・毎週・毎月の計画の中にやりたいことをどんどん書き出して「見える化」しましょう。そして、毎日、しっかりとＰＤＣＡを回すことでいろいろな目標を達成し、なりたい最高の自分に一歩でも近づいていきましょう。

理想のスケジュールを作る

時刻	理想	時刻	現実
04	睡眠	04	
05		05	睡眠
06	準備・朝食	06	
07	出勤（移動中は読書）	07	急いで準備
08	カフェで１人朝活	08	満員電車で出勤
09		09	仕事
10	仕事	10	（仕事に追われ
11	（自分のペースで楽しく）	11	バタバタと）
12	ランチ	12	昼食
13		13	
14	仕事	14	
15	（仕事は自分で作る）	15	
16		16	仕事
17		17	（人から言われた
18	帰宅（移動中は読書）	18	仕事ばかり）
19		19	
20	家族と夕食～団らん	20	帰宅
21	入浴、家族団らん	21	夕食
22	SNS で交流等、自由時間	22	テレビ 入浴
23	今日の振り返り	23	ネットサーフィン
24		24	
01	睡眠	01	
02		02	睡眠
03		03	
04		04	
			現在の満足度　55点

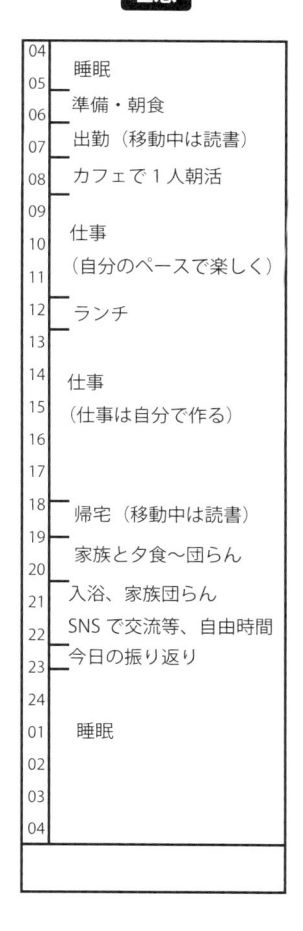

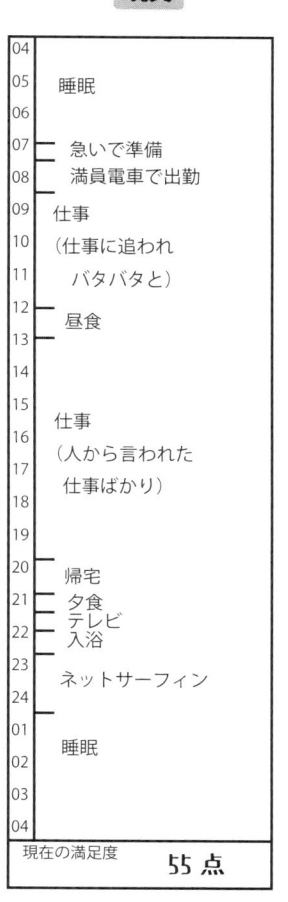

おわりに～『タイムマネジメント』から『ライフマネジメント』へ～

日本政府も長時間労働・残業などの悪しき慣習が日本経済の足を引っ張って生産性低下の原因になっていると考えるようになりました。最近になってようやく、働き方改革に積極的な動きを見せています。

また、それにともなう働き方改革法案の成立により、労働基準法が改正され、２０１９年４月以降、年10日以上有給休暇の権利がある従業員については、年間５日以上の有給休暇を取得することが義務付けられました。

年間の労働日数を２５０日とすると、そのうちの５日ですから、つまり「２％以上休みなさい、その分労働生産性を上げなさい」ということだと思います。

しかし現実はどうでしょうか？

上司からは

「残業は減らせ！ でも、今までと同じか、それ以上の成果を上げろ！」

と言われている人も多いのではないでしょうか？

もしかすると、本書を手に取ってくださったあなたもそのひとりかもしれませんね。

「そんなことを言われても……。どうすればいいの？？」

このように悩んでいる方も少なくないでしょう。

その結果として「ジタハラ」という言葉まで生まれています。

今の働き方改革は「とりあえず労働時間を減らせ！」と言っているようなものだと感じていますが、本来はそのようなものではないと思います。

というのも、時短だけを目的にしていても、達成することは難しいと考えるからです。


何のための時短なのか？

目的もわからずに取り組もうとしても達成できるはずがありません。

「働き方改革のため、時間管理をしよう。タイムマネジメントに取り組もう」

そうやって時間にだけフォーカスしてもなかなかうまくはいきません。タイムマネジメントに取り組もうとすればするほど、時間に縛られているような息苦しさを感じてしまうのではないでしょうか？

なぜか？

それは、本来フォーカスすべきは「人生」そのものであるにもかかわらず、「時間」だけにフォーカスしてしまっているからです。

あなたももちろん理解されているとは思いますが、時間は仕事をするためだけにあるのではありませんし、仕事をするために生きているのでもありません。仕事は人生のほんの一部にしか過ぎないのです。

本来のタイムマネジメントの目的は、あなたが**望む理想の人生を手に入れること**です。自分の**人生の目標を達成**することです。

つまり、時間を管理する「タイムマネジメント」から、自分の人生をマネジメントする**「ライフマネジメント」**へと切り替えていく必要がありますし、本書でもそのことについて触れてきました。

本書が「タイムマネジメント」から「ライフマネジメント」への切り替えの一助となれば幸いです。

最後にもう一度、「人は忘れる生き物だから……」という言葉を贈ります。

ここまで貴重な時間を割いて、本書を最後までお読みいただき、ありがとうございました。本書ではさまざまなことを「見える化」する方法を紹介してきましたが、実践できそうなものはありましたでしょうか？

もし、その答えが「ＹＥＳ」なら、著者としてこれ以上うれしいことはありません。

本書の冒頭でも触れたように、私は決してできるサラリーマンではありません。月に１２０時間、年間でも１１５０時間以上も残業をしなければ仕事が終わらない、どちらかといえば、欠点だらけのできないダメなサラリーマンでした。

そういう意味では「特別」だったかもしれませんが（笑）。

本書で何度もお伝えしてきた通り、人は必ず忘れます。忘れないためにできること、それは記録して「見える化」しておくことしかありません。見える化しておけば、読み返したときに過去を思い出すだけでなく、未来に活かすこともできます。

本書には、そのための手法を詰め込んだつもりです。本書に限らず本は一度読んだだけで終わりにするものではありません。書かれたことを実践して初めて読んだ価値が生まれます。

ですから本書に書いたことの中に1つでも「できそう」「やってみたい」と思うことがあれば、即実践してみてください。

そして、そのメソッドを自分だけで完結するのではなく、周囲の人々にどんどん広めて、その人たちといっしょにほしい未来を手に入れてください。これが本書を執筆した私からの最後のお願いです。

もし、この本を読んでもわからないことや、もっと聞きたい、知りたいことがあるのなら、東京近郊限定ですが勉強会も開催しています。

また、本書に書ききれなかったことを含めて時間を上手に活用できるようになるための考え方などをお伝えする無料のメールマガジン「時間活用塾」https://kazutaniguchi.com/mailmag/ も発行していますので、こちらからもさまざまな情報を手に入れてください。

ご質問にはメールでもお答えしますので、info@kazutaniguchi.com まで、お気軽にご連絡ください。

あなたとあなたのまわりの人たちみんながほしい未来を手に入れることを願って。

谷口和信

■著者略歴

谷口　和信（たにぐち　かずのぶ）

1966年生まれ。
1992年、大学院修士課程修了後、大手建設会社設計部入社。

2005年頃、月間の残業時間が80時間を超えるのは当たり前の業界において、自身も月間残業100時間超の長時間労働が続いたストレスが主要因となり軽度の鬱を発症。
しかし、予定やタスク、行動結果などを記録、見える化して振り返ることで仕事の高速化に成功。年間900時間以上の残業時間を削減したが、社内外の人から担当プロジェクト以外のことでも相談を受けるなど信頼も厚く、それまで以上の成果を上げ続けている。

2011年以降、手帳やノートの使い方がThe21（PHP研究所）や日経ビジネスアソシエ（日経BP社）などの手帳術、ノート術特集に取り上げられる。

2017年には高橋書店主催の第21回手帳大賞商品企画部門において、1000通を超える応募の中から唯一の入賞を果たし優秀賞を受賞。

現在、予定やタスク、時間の記録・見える化の手法を始めとした仕事効率化や生産性向上を図る手法を通して人生の質を向上させ、「子供が憧れるカッコいい大人」を増やすことを目標にセミナーや勉強会を主催するなど積極的に活動している。

著書に『仕事が速くなる！　PDCA手帳術』（明日香出版社）がある。

［ブログ］『生産性向上研究室』
https://kazutaniguchi.com/

本書の内容に関するお問い合わせ
明日香出版社　編集部
☎(03) 5395-7651

時短《じたん》と成果《せいか》が両立《りょうりつ》する　仕事《しごと》の「見《み》える化《か》」「記録術《きろくじゅつ》」

2019年　12月　21日　　初版発行

著　者　谷《たに》口《ぐち》和《かず》信《のぶ》
発行者　石野栄一

〒112-0005 東京都文京区水道2-11-5
電話 (03) 5395-7650（代 表）
(03) 5395-7654（FAX）
郵便振替 00150-6-183481
http://www.asuka-g.co.jp

明日香出版社

■スタッフ■　編集　小林勝／久松圭祐／古川創一／藤田知子／田中裕也
営業　渡辺久夫／浜田充弘／奥本達哉／横尾一樹／関山美保子／藤本さやか　財務　早川朋子

印刷　株式会社文昇堂
製本　根本製本株式会社
ISBN 978-4-7569-2063-8 C0036

編集担当　古川創一

仕事のミスが激減する「手帳」「メモ」「ノート」術

鈴木　真理子

「やることを忘れてしまった」、「期日を忘れてしまった」……。この原因は、メモること自体を怠ったか、メモをしただけで安心をしてしまったかのどちらかです。
本書は、ミスなし、モレなし、遅れなしを実現するための手帳、メモ、ノート、記録術をまとめます。

本体価格 1400 円＋税　B6 並製　200 ページ
ISBN978-4-7569-1865-9　2016/11 発行

成果につながる！　仕事と時間の「仕組み術」

野呂　エイシロウ

行動を無理に早める必要はありません。「時間がない！」と日々忙殺されがちですが、生活習慣や考え方、スケジュールの組み方、仕事の取り組み方を見直すだけで、ムダな行動を省き、時間を生み出すことができます。

本体価格 1500 円＋税　B6 並製　256 ページ
ISBN978-4-7569-1968-7　2018/05 発行

仕事が速くなる！　PDCA 手帳術

谷口　和信

激務のなか、残業時間を極力抑える秘訣は、手帳のつけ方にあった！　現役会社員が試行錯誤のなかで身につけた手帳術を図版を交えて紹介していく。このやり方を採り入れたことで、残業を大幅に削り、そして以前よりも成果が出やすくなった。社員のための社員による手帳術！

本体価格 1500 円＋税　B6 並製　240 ページ
ISBN978-4-7569-1936-6　2017/11 発行

「段取りが良い人」と「段取りが悪い人」の習慣

鈴木 真理子

段取りが悪くて、毎日残業。プライベートの時間が取れない。自分ひとりでやる仕事ならまだいいのだが、他人と一緒に進める仕事の場合、その人達まで巻き添えにしてしまう。そんな悩みを持つ方に、仕事が遅れず、時間通りに終わらせる方法を 50 項目で解説しました。

本体価格 1400 円＋税　B6 並製　240 ページ
ISBN978-4-7569-2056-0　2019/11 発行